凤凰师轩
FENGHUANG SHIXUAN

行知工程
Education
精彩课堂系列

指导自主学习

初中数学学与教的研究与实践

刘其武 著

江苏凤凰教育出版社
Phoenix Education Publishing, Ltd

图书在版编目（CIP）数据

指导自主学习：初中数学学与教的研究与实践/刘其武著. —南京：江苏凤凰教育出版社，2015.12

ISBN 978-7-5499-5558-9

Ⅰ.①指… Ⅱ.①刘… Ⅲ.①中学数学课—教学研究—初中 Ⅳ.①G633.602

中国版本图书馆 CIP 数据核字（2015）第 289492 号

书　　名 指导自主学习——初中数学学与教的研究与实践
作　　者 刘其武
责任编辑 沈静明　雷利军　李佃云
出版发行 凤凰出版传媒股份有限公司
江苏凤凰教育出版社（南京市湖南路 1 号 A 楼　邮编 210009）
苏教网址 http：//www.1088.com.cn
照　　排 北京世纪鸿文制版技术有限公司
印　　刷 三河市九洲财鑫印刷有限公司
厂　　址 河北省三河市灵山大口
开　　本 787 毫米×1092 毫米　1/16
印　　张 12.75
字　　数 209 千字
版　　次 2015 年 12 月第 1 版　2015 年 12 月第 1 次印刷
书　　号 ISBN 978-7-5499-5558-9
定　　价 30.00 元
网店地址 http：//jsfhjycbs.tmall.com
邮购电话 025-85406265,85400774　短信　02585420909
E - mail jsep@vip.163.com
盗版举报 025-83658579

前 言

数学，是人类文明的重要组成部分，已成为公民必备的一种基本素质。数学在形成人类理性思维的过程中发挥着独特的、不可替代的作用。作为衡量一个人能力的重要学科，从小学开始，很多同学就对它情有独钟，投入了大量的时间和精力来学习。然而，并非人人都是成功者，许多小学数学成绩的佼佼者，进入中学后的第一个跟头就栽在了数学上。

为什么很多学生觉得数学很难，甚至对数学产生厌恶心理呢？对于这个问题，许多数学教育专家、学者、教师开展了大量的研究工作。他们各自产生了不同的看法，但都得出了一个共同的结论——现在的数学教育存在根本性的问题。强求那些连基本概念都没有掌握好的学生去反复解答复杂的问题，想利用这种方法引导学生对数学产生兴趣并且使他们去主动学习是不可能的。如果现在的教学方式或学习方式得不到根本性的改变，那么无论学校怎样加强教学工作，学生还是会觉得学习数学很难，最终会失去兴趣。

那么，数学教育的真谛是什么？作为数学教师应该怎么做？这是我近几年来一直在思考和探索的问题。总的来说，数学教育要着眼于学生的发展，着眼于学生的未来。具体来说，数学教育要尊重和确立学生在教学中的主体地位，要引导学生积极参与教学，要培养学生主动探索问题的能力，独立思考的积极态度，要引发学生的创新精神和重视培养学生的实践能力。

基于对数学教育上述问题的认识，结合自身的教育教学实践，本书将从指导自主学习的角度对初中数学教与学方面的一些问题展开讨论。

本书从初中数学的“教”与“学”出发，开展新课程改革（以下简称“新课改”）背景下的指导自主学习实践与研究，让学生在教师的指导下，学会主动学习，主动探究。本书内容主要分为六部分：指导自主学习简述，指导自主学习教改实验，指导自主学习教法探索，指导自主学习教学反思，指导自主学习学法指导，指导自主学习学生作品。通过指导自主学习的教学实践，改变教师的“教”和学生的“学”，达到“减负增效“的目的。

本书中的许多提法、观点以及意见还相当肤浅，或不成熟，或只是一个“引子”，仅供参考，恳请广大读者批评指正。

本书在撰写过程中，除了书后的参考文献外，还参考了一些网络资源，由于网络资源的出处很难查实，就没有一一列出。

本书可以作为中小学教师在教育教学过程中的参考资料，也可以作为指导学生自主学习的学习材料。

最后，我要特别感谢厦门市教育局和厦门市教育科研规划领导小组办公室的领导和工作人员以及厦门集美中学的领导、同事和学生对我在写作过程中的大力支持，感谢家人对我的理解和支持。感谢大家！

刘其武

2015 年 6 月于厦门集美中学

目录 CONTENTS

第一章 指导自主学习简述

第一节　指导自主学习的缘起

1995年，福建师范大学的余文森教授与福建省普通教育数学研究室的王永老师联合进行了福建省中学数学“指导自主学习”教改实验，并开发了有关研究课题，并被全国教育科学规划领导小组批准列入全国教育科学“九五”规划课题。这一课题是从福建省多位一线教师成功的课堂教学改革中提炼出来的。他们倡导改革传统的教学模式，减轻学生课业负担，提高课堂效率，着力培养能够实现自我发展的人的教学实践。他们力争达到“三不”的境界，即不留课后作业，不定任何教辅材料，不搞加班加点。他们实现了教学的轻负担、高质量，能在一个学期内转变一个后进班，让人刮目相看，深受学生欢迎。

从发现这些优秀教师个案至今，人们对“指导自主学习”的教改实验已从个体的经验变成了群体探索，从而对课堂教学的基本特征及各阶段的质的规定性，不断生出新的认识。它的基本特征有三：一是以相信学生的学习潜能，尊重学生的独立人格为基础；二是以改革学生课内、课外学习活动的教学结构为途径；三是以培养“独立、自主、高效”的学习者为目标。“指导自主学习”教改实验的基本模式就是“先学后教，超前断后”。课前，学生独立学习，即读书与尝试完成作业，解决“现有发展区”的问题；课堂教学紧随其后，学生在同学和教师的帮助下，解决“最近发展区”的问题，把“最近发展区”转化为新的“现有发展区”；课后，教师不留作业，从而让学生课后能一心为主动参与明天的课堂教学做准备。

“指导自主学习”教改实验的关键在课前，即课前的自主学习。它有三个质的规定，即超前性、异步性、建构性。超前性，即超前于教师授课，区别于传统教学的跟随性。异步性，即让学生按自己的速度和方式进行超前学习，上不封顶，但至少超前一节，允许和鼓励学有余力的学生进行跳跃式的大幅度的超前学习。建构性，即学生利用头脑中的原有认知结构同化和顺应对新知识的学习，它区别于传统的“复制式”。“指导自主学习”教改实验也是一场师生关系的深刻变革。它要求教师树立积极的学生观和潜能观，要尊重学生独立的人格，用发展的眼光看待学生，对学生的发展（特别是自主学习和独立人格的发展）负责，要相信学生具有独立学习的巨大潜能。潜能是学生发展的潜在可能性，教育和教学最本质的功能就是把这种可能性变成现实。

第二节　指导自主学习的内容

1. 自主学习概述

自主学习（autonomous learning）也称“自我导向学习”（self-directed learning）或“自我调节学习”（self-regulated learning），是指学习主体充分发挥主观能动性，通过多种手段和途径，进行的有目的、有选择的学习活动，并在教师的指导下通过主观努力获取新知识和增强自己学习能力的一种行为变化过程。

自主学习的几种观点：①从参与学习的心理成分角度出发，认为自主学习是某些体现了个体能动性和积极性心理品质的集合。只要学习者在这些心理品质上的表现符合某种期望，那么，这种学习就可以被认为是自主学习。美国心理学家齐默尔曼（B. J. Zimmerman）便是持此种观点的代表人物。②从学习活动本身的各个组成部分出发，认为自主学习是在学习的过程中体现出来的，如果学习者在学习活动的各个组成部分的自主表现符合某种标准，其程度达到一定的条件，就可以称之为“自主学习”。③从自主学习的名称出发，以自觉性、主动性作为界定自主学习的唯一标准。持这种观点的研究者认为，自主学习是指学习主体根据自己已有的知识基础、工作和家庭情况，自觉地、独立地、主动地、灵活地、有选择地运用不同的方法、手段、媒体去获取知识和技能的活动。

总之，自主学习是学生自己主宰自己的学习。主要有以下四个方面的特点：①学习者参与确定对自己有意义的学习目标的提出，自己制订学习进度，参与设计评价指标；②学习者积极拓展各种思考策略和学习策略，在解决问题中学习；③学习者在学习过程中有情感的投入，有内动力的支持，能从学习中获得积极的情感体验；④学习者在学习过程中对认知活动能够进行自我监控，并做出相应的调整。

2. 指导自主学习的内容

指导自主学习，即在教师的指导下，学生开展自主学习活动。自主学习的本质是独立学习，与他主学习相对立，是关于学习的新类别，也是学习形态的一种新境界，追求的目标是培养能够自主发展的人。指导自主学习是以弘扬学生主体性为宗旨，以构建体现学生主体地位的新型教学结构为核心的教学模式。主体性是“指导自主学习”教学模式的灵魂和理论依据。

（1）教学方式

“指导自主学习”教学模式把知识授受引向智慧的启迪，使学生的学习由被动转为主动。在教与学的关系上，坚持“先学后教，超前断后”，即课前让学生超前于教师的教学进度（至少超前一节课，上不封顶）进行独立学习，解决各自现有的问题；课堂上，师生合作解决疑难问题；课后取消作业，解放学生，解除他们的课业与精神重负，让他们自由自主地为积极参与明天生机勃勃的课堂教学做准备。在师生关系上，强调教学过程是师生交往的过程，让学生通过师生交往，构建人道、和谐、民主、平等的师生关系，通过交往让学生体验到平等、自由、民主、尊重、信任、友善、理解、宽容与关爱，同时受到激励、鞭策、鼓舞、感化、召唤。

（2）学生的参与方式

“指导自主学习”教学模式使学生的参与方式由接受型的静态从学转变为参与型的动态趣知。通过学生的参与，唤起学生对知识的期待，对生活的渴望，引起学生的质疑，培养学生质疑的品质。学生在参与中不断地修正和丰富自己的知识和经历，从而得到个性化的发展。“指导自主学习”教学模式对于弘扬学生的主动精神，发展学生的各种潜在能力，全面提高学生现代人的素质，切实摆脱当前普遍存在的机械、冷漠、被动、低效的课堂困境，克服学业失败现象和厌学情绪等，具有潜在的功能与现实意义。

第三节　指导自主学习的特点

1. 能动性

能动性相对于受到性。能动性指人对自己发展的自觉意识和能动作用。自主学习把学习建立在人的能动性的一面上，它以尊重、信任、发挥人的能动性为前提。能动性在人的具体活动中的表现形式有自觉（自律）与主动（积极）。从这个角度说，自主学习是一种自律学习，一种主动学习。能动性是主体性最基本的特性，是体现人的主体性的根本点。能动性不是人的先天本性，需要靠后天培养。“指导自主学习”教学实验特别注重培养学生求知的需要和自我实现的需要，即求知欲和表现欲。求知欲和表现欲的和谐发展是推动学生自觉主动参与教学的内在永恒动力。学习的责任从教师身上转移到学生身上，学生的自主性、能动性得到了充分的发挥。

2. 独立性

自主学习把学习建立在个人独立性的基础上，而不同于他主学习把学习建立在依赖性的基础上。自主学习要求学生在学习的各个方面和整个过程中尽可能摆脱对教师或他人的依赖，由自己做出选择和控制，独立地开展学习和探究活动。著名教学专家江山野认为学生的“独立性”有四层意思：第一是每个学生都是一个独立的人，学习是学生自己的事情，这是教师不能代替也代替不了的。教师只能让学生自己读书，自己感受事物，自己观察、分析、思考，从而使他们自己明白事理，自己掌握知识。第二是每个学生都独立于教师的头脑之外，是不依教师的意志为转移的客观存在，教师要让学生接受自己的教导，首先就要把学生当作不依自己的意志为转移的客观存在，当作独立的人来看待，使自己的教育和教学适应他们的现实要求和思想认识的规律。第三是每个学生都有独立的要求，他们在学校的整个学习过程就是争取独立和日益独立的过程。第四是每个学生，除了有特殊原因的外，都有相当强的独立学习能力。总之，独立性也是客观存在的，学生普遍具有的一种根本特性。“指导自主学习”教改实验要求教师充分尊重学生的独立性，正确引导学生发展自己的独立性，从而培养学生独立学习和独立解决问题的能力。

3. 独特性

独特性是指学生主体有不同于其他主体的特点。它首先来自先天素质的差异性。同时，由于在社会化的过程中，每个人所处的环境千差万别，个人选择也各不相同，便逐步形成了具有鲜明特点的个性。为了尊重学生学习的个体差异性，实现学生学习的个体化和教师指导的异步化，“指导自主学习”教改实验创造并提供了各种条件。其一，让每个学生按自己的速度和方式进行超前学习；其二，让每个学生拥有根据自己的需要选择不同学习资料和查阅参考书的权利；其三，使每个学生能根据自己解决问题的需要及时得到教师的指导和帮助；其四，允许并鼓励学生根据自己的潜能和兴趣进行超大纲的学习。与传统的教学观不一样，我们不是把学生学习的个体差异性视为让人头痛的“教学问题”，而是把其视为一种亟待开发和利用的教育教学资源。

4. 有效性

因为自主学习的出发点和目的是尽量协调好自己学习系统中的各种因素，使之发挥出最优组合的效果，所以指导自主学习从某种意义上讲，就是主动采取各种调控措施使自己的学习要素的组合达到最优化的过程。通常来说，学习的自主水平越高，学习的过程就越优化，学习的效率也就越高。

5. 相对性

自主学习不是绝对的。就现实情况来看，绝对自主或绝对不自主的学习都很少，学生的学习多数介于这两极之间。也就是说，他们的学习在某些方面可能是自主的，而在另一方面可能是不自主的。这是因为，对于在校学生来说，他们在学习的许多方面，如学习时间、学习内容等都不可能完全由自己来决定，他们也不可能完全摆脱对教师的依赖。

第四节　指导自主学习的意义

1. 自主学习是教育创新的前提

创新是新课改的核心，而自主学习是教育创新的前提。创新必须是教师在课堂上更着重培养学生的创造性思维和创新能力，但创新不是凭空编造的，它需要以学生对知识的牢固掌握、准确理解、灵活运用、合理转化为基础和前提，而这一切都要以激发其潜在的自主学习能动性与探究能力为前提。

2. 自主学习是转变课堂教学模式的重要途径

《义务教育数学课程标准（2011 年版）》（以下简称“新课标”）中强调

指出，学生在学习活动中不能只限于接受、记忆、模仿和练习，更要进行自主探索、阅读自学、动手实践、合作交流等方式的学习，这样做有助于发挥学生学习的主动性，使学生体验数学发现和创造的历程，发展创新意识，所以必须转变以往那种阻碍学生学习的教育模式和教育观念。教师在教学的过程中应与学生积极互动，共同发展，要处理好传授知识与培养能力的关系，注重培养学生的独立性、自主性和创新性，引导学生质疑，调查，探究，在实践中学习，促使学生在教师的指导下主动地学习。教师应尊重学生的人格，关注个体差异，满足不同学生的学习需要，创设能引导学生主动参与的教育环境，激发学生的学习积极性和学习兴趣，培养学生掌握和运用知识的态度和能力，使每个学生都能得到充分的发展，使每个学生都学有所获，学有所乐。

3. 自主学习能力是个体全面发展的需要

社会对人才的需要，要求个体是全面发展的人。学生作为人，作为发展中的人，虽然从教育和教学过程的组成来说，是教育的对象，处在教育客体的地位，但是从整个教育教学过程的进行及个体发展来说，是学习活动的主人，是发展的主体。学生作为独立的个体，有自我观念、自尊心、兴趣爱好、追求和个性等主观意识。在这种主观意识的支配下，个体不是消极、被动地被外界机械决定的，而是具有一定的自主性、积极性、创造性的。学生是自我发展的主体。在教育教学过程中，学生的主要活动是学习，教师施加的全部教育活动，只有通过学生自己积极的认识才能起作用，因此，学生在学习中占有主体地位。学生只有意识到自己是学习的主人，才能在受教育过程中，逐步产生自主学习、自我教育、自我发展的动力。作为个体全面发展的需要，自主学习的能力必不可少。

4. 自主学习是落实终身学习理念的需要

随着知识经济的高速发展，我们可以看到，以培养创新精神与实践能力为本的教育将是知识经济的中心。这种着眼于知识创新的教育必然是以人的学习为基点的，因此，有人将知识经济称为“学习经济”，而创造人的终身学习的机会也必然成为素质教育的基点。面对21世纪学习经济的挑战，终身学习最根本的要求就是作为高科技的信息技术及其有关的教育新理念的融合，而基于信息技术的现代教育技术的合理应用，本身就要求变革人的传统教育理念、教育思想和教育模式。很显然，传统的教学模式很难达到这样的要求，因此构建新型的自主学习教学模式是时代的需要。

5. 自主学习的能力是高等教育的呼唤

现在不管是名校还是普通中学的学生，在高中阶段接受的都是“讲授式”教学，运用的都是“题海战术”。在高中阶段经过紧张和被动的学习后，学生进入大学便不知道该怎么学习了。大学的学习方法与中学的学习方法不同。大学老师讲课，一节课讲几十页，而中学老师一节课只讲几页，很多学生适应不了这个变化。解决这个问题的关键在于，中学时期就要提高学生独立自主的学习能力。

第五节 指导自主学习的理论探寻

当前，国内外各级各类学校教学改革的关键在于能否打破传统的教学模式。这种以“以教师为中心，教师讲，学生听”为特点的教学模式既不能保证教学的质量与效率，又不利于培养学生的发散性思维、批判性思维和创造性思维，不利于培养具有创新精神和实践能力的人才。为了改变这种状况，国内外的许多教育工作者、教育学家、教育技术专家多年来从理论与实践两个方面做了大量的研究与探索，建构主义学习理论正是这种努力所取得的主要理论研究成果。随着多媒体计算机和 Internet 网络教育应用的飞速发展，建构主义学习理论正愈来愈显示出其强大的生命力，并在世界范围内日益扩大其影响。

1. 建构主义——一种重要的学习哲学

作为一种学习的哲学，建构主义至少可以追溯到 18 世纪拿破仑时代的哲学家维柯（Giovanni Battista Vico）。他曾经指出，人们只能清晰地理解自己建构的一切。此后，许多人从事过与这一思想有关的研究。从哲学角度看，建构主义扎根于理性主义与经验主义的结合。研究此理论的人认为，主体不能通向外部世界，而只能通过利用内部构建的基本的认识原则去组织经验，从而拓展知识面。20 世纪，对建构主义思想的发展做出重要贡献并将其应用于课堂和儿童学习与发展的主要有杜威、皮亚杰和维果斯基等人。

（1）杜威的经验性学习理论

杜威认为，真正的理解是与事物怎样动作和事情怎样做有关的，理解在本质上是联系动作的。由此出发，他将立足于“行动”的学习与不确定情境中的“探索”联系在一起。正是情境内在独特的、积极的、不确定性才能使“探索”存在，并激励和指导着“探索”前进。杜威强调，教育必须建立在经验的基础上，教育就是经验的生成和经验的改造，学生从经验中发现问题，而问题又可以激发他们运用探索到的知识形成新概念。

(2) 维果斯基教育思想

苏联杰出的心理学家维果斯基的研究，对于理解建构主义也是十分重要的。维果斯基坚信，儿童是在摆脱日常概念和成人概念的“张力”中学习科学概念的。如果仅仅将源于成人世界的预成的概念呈现给儿童，那么他就只能记忆成人有关这一想法所说的一切。他强调，个体的学习是在一定的历史、社会文化背景下进行的，社会可以对个体的学习发展起到重要的支持和促进作用。维果斯基很重视学生原有的经验与新知识之间的相互作用。他将学习者的日常经验称为“自下而上的知识”，而把他们在学校里学习的知识称为“自上而下的知识”，自下而上的知识只有与自上而下的知识相联系，才能成为自觉的、系统的知识；而自上而下的知识只有与自下而上的知识相联系，才能获得成长的基础。

(3) 皮亚杰的建构主义观点

建构主义的先导当属皮亚杰。皮亚杰的建构主义基于他有关儿童的心理发展的观点。他发展了发生认识论，区分出一个孩子在建构一种世界模式时，必须经过不同的认识阶段。他确信，学习最基本的原理就是发现。根据皮亚杰的观点，他认为知识既非来自主体，也非来自客体，而是在主体与客体之间的相互作用过程中建构起来的。一方面，新经验要获得意义需要以原来的经验为基础；另一方面，新经验的进入又会使原有的经验发生一定的改变，使它得到丰富、调整或改造，这就是双向的建构过程。

从现实缘起来看，建构主义是针对传统教学的诸多弊端提出的。传统的认识论和认知科学认为，知识是对外部客观世界的被动反映。因此，教学的目的就是使学生通过教学过程获得这样的现实映象。为此，学生必须以某种方式从环境中获得信息，也就是说，要对他进行“教学”。这种朴素的观点认为，我们的感官就像照相机一样工作，即拍摄出世界是如何“真实地”作用于我们的脑的映象，并利用这一映象作为一种“地图”，即以出自该客体结构的略微不同的形式进行编码。这种观点很快引出许多概念问题，主要是因为它忽略了世界的无限复杂性。此外，详细的观察也表明，在所有的真实案例中，认知并不是这样进行的。主体在进行认知时，积极地产出大量潜在的模式，而外部世界的作用则在于选择，即在排除其他模式的同时，强化一种模式。有人对传统教学中学生学到的知识做了这样的概括：①不完整，过于空泛，过于脆弱；②具有惰性，无法在需要的时候运用；③不灵活，无法在新的或类似的情境中迁移应用。如何缩小学校学习与现实生活之间的差距，这是建构主义者所关注的核心问题之一。建构主义的观点强调，建构首先服务的是自身的目的，主体希望能控制他所感觉到的东西，以便从其首选的目标状态中排除一切与之相背离和对其产生干扰的东西，控制自身需要的并可以加以控制的事物。但是，该模式只应包括与主体的目标和行为相关的那些方面，从而有可能去适应变化了的环境。作为教育界的一种新的认识论和学习理论，建构主义对传统教学观念提出了尖锐的批评，对学习和教学做出了新的解释。以这种理论为基础，研究者提出了一系列改革的设想，这对改革传统教学具有重大意义。

建构主义理论的内容很丰富，但其核心只用一句话就可以概括：以学生为中心，强调学生对知识的主动探索、主动发现和对所学知识意义的主动建构（而不是像传统教学那样，只是把知识从教师的头脑中传送到学生的笔记本上）。以学生为中心，强调的是“学”；以教师为中心，强调的是“教”。这正是两种教育思想、教学观念最根本的分歧点，由此而发展出两种对立的学习理论、教学理论和教学设计理论。由于建构主义所要求的学习环境得到了当代最新信息技术成果的强有力支持，就使建构主义理论日益与广大教师的教学实践普遍地结合起来，从而成为国内外学校深化教学改革的指导思想。

2. 建构主义学习理论

(1) 建构主义学习理论综述

建构主义源自关于儿童认知发展的理论。由于个体的认知发展与学习过程密切相关，利用建构主义可以比较好地说明人类学习过程的认知规律，即能较好地说明学习如何发生，意义如何建构，概念如何形成，以及理想的学习环境应包含哪些主要因素等。总之，在建构主义思想指导下可以形成一套新的比较有效的认知学习理论，并在此基础上实现较理想的建构主义学习环境。

建构主义学习理论的基本内容可以从学习的含义（即关于“什么是学习”）与学习的方法（即关于“如何进行学习”）两个方面进行说明。

① 关于学习的含义。

建构主义认为，知识不是通过教师传授得到的，而是学习者在一定的情境即社会文化背景下，借助其他人（包括教师和学习伙伴）的帮助，利用必要的学习资料，通过意义建构的方式获得的。学习是在一定的情境即社会文化背景下，借助其他人的帮助即通过人际间的协作活动而实现的意义建构过程，因此建构主义学习理论认为，情境、协作、会话和意义建构是学习环境中的四大要素或四大属性。学习环境中的情境必须有利于学生对所学内容进行意义建构，这就对教学设计提出了新的要求。也就是说，在建构主义学习环境下，教学设计不仅要考虑教学目标分析，还要考虑有利于学生建构意义的情境的创设问题，并把情境创设看作教学设计的最重要内容之一。协作发生在学习过程的始终。协作对学习资料的搜集与分析，假设的提出与验证，学习成果的评价，直至意义的最终建构均有重要作用。会话是协作过程中不可缺少的环节。学习小组成员之间必须通过会话商讨如何完成规定的学习任务的计划。此外，协作学习的过程也是会话过程。在此过程中，每个学习者的思维成果（智慧）为整个学习群体所共享，因此，会话是达到意义建构的重要手段之一。意义建构是整个学习过程的最终目标。所要建构的意义是指事物的性质、规律以及事物之间的内在联系。在学习过程中帮助学生建构意义，就是要帮助学生对当前学习内容所反映的事物的性质、规律以及该事物与其他事物之间的内在联系达到较深刻的理解。这种理解在大脑中的长期存储形式就是“图式”，也就是关于当前所学内容的认知结构。由以上所述的学习的含义可知，学习的质量是学习者建构意义能力的函数，而不是学习者重现教师思维过程能力的函数。换句话说，获得知识的多少取决于学习者根据自身经验去建构有关知识的意义的能力，而不取决于学习者记忆和背诵教师讲授的内容的能力。

② 关于学习的方法。

建构主义提倡在教师指导下的，以学习者为中心的学习，也就是说，既强调学习者的认知主体地位，又不忽视教师的指导作用。教师是意义建构的帮助者、促进者，而不是知识的传授者与灌输者。学生是信息加工的主体，是意义的主动建构者，而不是外部刺激的被动接受者和被灌输的对象。学生要成为意义的主动建构者，就要在学习过程中从以下几个方面发挥主体作用。

A. 要用探索法、发现法去建构知识的意义。

B. 在建构意义的过程中，要主动去搜集并分析有关的信息和资料，对在学习过程中遇到的问题，要提出各种假设，并努力加以验证。

C. 要把当前学习内容所反映的事物尽量和自己已经知道的事物相联系，并对这种联系加以认真的思考。联系与思考是意义建构的关键。如果能把联系与思考的过程跟协作学习中的协商过程（即交流、讨论的过程）结合起来，则学生建构意义的效率会更高，质量会更好。协商有自我协商与相互协商（也叫“内部协商”与“社会协商”）两种，自我协商是指自己和自己争辩什么是正确的，相互协商则指学习小组内部成员之间相互的讨论与辩论。

教师要成为学生建构意义的帮助者，就要在教学过程中从以下几个方面发挥指导作用。

A. 激发学生的学习兴趣，帮助学生形成学习动机。

B. 通过创设符合教学内容要求的情境和提示新旧知识之间联系的线索，帮助学生建构当前所学知识的意义。

C. 为了使意义建构更有效，教师应在可能的条件下组织协作学习（开展讨论与交流），并对协作学习过程进行引导，使之朝有利于意义建构的方向发展。引导的方法包括：提出适当的问题以引起学生的思考和讨论；在讨论中设法把问题一步步引向深入，以加深学生对所学内容的理解；启发诱导学生自己去发现规律，自己去纠正错误或补足片面的认识。

（2）建构主义学习理论的主要观点

① 学生是教学情境中的主角。传统教学偏重教师的教，现代教学则重视学生的学。学生是学习的主体，教师不能代替学生学习。因此，教学情境中要尊重学生的主体地位，学生只有在成为教学情境中的主角以后，才会积极主动地参与教学过程。

② 教学是激发学生建构知识的过程。既然知识是学习者自我建构的结果，那么教学就不是传授、灌输知识的活动，而是激发学生建构知识的过程。教学就是创设或者利用各种情境，帮助学生利用先前的知识与已有的经验在当前情境中进行学习和认知活动。

③ 教师是学生学习的引导者、辅助者、学习资料提供者。关于教师，

人们向来认同“传道、授业、解惑”的说法，所以在传统的教学实践中，教师是知识的传授者，班级的管理者。但在建构主义看来，教师的价值体现在能否激发学生以探究、主动、合作的方式进行学习，教师应该是学生的引导者，辅助者，学习资料提供者。

④ 教学活动体现为合作、探究的学习方式。传统教学实践中，教学是一种管理活动，强调规范和纪律，而学生的学习反被忽视了。建构主义教学理论认为，教学要能引导学生主动参与知识学习活动，一方面使学生面对问题情境，刺激他们思考、探究，另一方面营造人际互动、互激的情境，让学生学会在合作中学习。

⑤ 教学活动的展开是一个过程。教学应该注重过程而不是结果。学生因为发现疑难问题，产生困惑而主动探究学习。学生的疑惑与惊奇实质上代表了学生的学习活动，所以，教师的职责不是给学生提供现成的答案，而是在观察中，引导学生成长，这是一个过程。

⑥ 教学评价要趋于多元化。传统教学实践中，无论是常模参照评价或标准参照评价，多以纸笔测验为主，以学生记住多少教师教的知识为基本依据和结果。但既然知识是学生的一种建构结果，求取一致的答案显然是不适宜的。教育部新提出的“档案袋评价”就是突出多元化评价的一种体现。

⑦ 学生的学习不仅限于教科书。传统教学实践中，教学就是教师教授一本一本的教科书。但既然学习是一种积极的知识建构过程，教学就不应该仅仅局限于教科书或相关的辅助材料。整个社会文化以及学生在生活中遇到的所有问题和情境都有助于学生的学习。

（3）建构主义学习理论的特点

① 学习是一个积极主动的建构过程。学习者不是被动地接受外在信息，而是根据先前的认知结构，主动地和有选择性地知觉外在信息，建构当前事物的意义。

② 知识是个人经验的合理化，而不是说明世界的真理。因为个体先前的经验是十分有限的，在此基础上建构知识的意义，无法确定所建构出来的知识就是世界的最终写照。

③ 知识的建构并不是任意的和随心所欲的。在建构知识的过程中，必须与他人磋商，并达成一致，还要不断地加以调整和修正。在这一过程中，不可避免地要受到当时社会文化因素的影响。

④ 学习者的建构是多元化的。由于事物存在复杂多样化，学习情感存在一定的特殊性，以及个人的先前经验存在独特性，每个学习者对事物意义的建构是不同的。

3. 建构主义的教学思想

建构主义所蕴含的教学思想主要反映在知识观、学习观、学生观、师生角色的定位及其作用、学习环境和教学原则等六个方面。

（1）建构主义的知识观

① 知识不是对现实的纯粹客观的反映，任何一种传载知识的符号系统都不是绝对真实的表征。它只不过是人们对客观世界的一种解释、假设或假说，不是问题的最终答案，必将随着人们认识程度的加深而不断地变革、升华和被改写，甚至出现新的解释和假设。

② 知识并不能绝对准确无误地概括世界的法则，提供对任何活动或问题解决都实用的方法。在具体的问题解决过程中，知识是不可能一用就准，一用就灵的，而需要针对具体问题的情境进行再加工和再创造。

③ 知识不可能以实体的形式存在于个体之外。尽管通过语言赋予了知识一定的外在形式，并且获得了较为普遍的认同，但这并不意味着每一个学习者对这种知识都有同样的理解。真正的理解只能是由学习者自身基于自己的经验背景建构起来的，取决于特定情况下的学习活动过程，否则，就不是理解，而是死记硬背或生吞活剥，是被动的复制式的学习。

（2）建构主义的学习观

① 学习不是由教师把知识简单地传递给学生，而是由学生自己建构知识的过程。学生不是简单被动地接收信息，而是主动地建构知识的意义，这种建构是无法由他人来代替的。

② 学习不是被动地接收信息刺激，而是主动地建构意义，是根据自己的经验背景，对外部信息进行主动的选择、加工和处理，从而获得自己的意义。外部信息本身没有什么意义，意义是学习者通过新旧知识经验之间的反复的、双向的相互作用过程而建构成的。

③ 学习意义的获得，是每个学习者以自己原有的知识经验为基础，对新信息重新认识和编码，建构自己的理解。在这一过程中，学习者原有的知识经验因为新知识经验的进入而发生调整和改变。

④ 同化和顺应，是学习者认知结构发生变化的两种途径或方式。同化

是认知结构的量变，而顺应则是认知结构的质变。同化—顺应—同化—顺应……循环往复，平衡—不平衡—平衡—不平衡……相互交替，人的认知水平的发展，就是这样的一个过程。学习不是简单的信息积累，更重要的是包含新旧知识经验的冲突，以及由此引发的认知结构的重组。学习过程不是简单的信息输入、存储和提取，而是新旧知识经验之间的双向的相互作用过程，也是学习者与学习环境之间互动的过程。

（3）建构主义的学生观

① 建构主义强调，学习者并不是在什么都不知道的状态下进入学习情境的。在日常生活和以往各种形式的学习中，他们已经形成了有关的知识经验，对任何事情都有自己的看法。即使有些问题他们从来没有接触过，没有现成的经验可以借鉴，但是当问题呈现在他们面前时，他们还是会基于以往的经验，依靠自己的认知能力，形成对问题的解释，提出假设。

② 教学不能无视学习者的已有知识经验，简单强硬地从外部对学习者实施知识的“填灌”，而是应当把学习者原有的知识经验作为新知识的生长点，引导学习者从原有的知识经验中生长出新的知识经验。教学不是知识的传递，而是知识的处理和转换。教师不单是知识的呈现者，也不是知识权威的象征，而应该重视学生对各种现象的理解，倾听他们的看法，思考他们这些想法的由来，并以此为据，引导学生丰富或调整自己的解释。

③ 教师与学生、学生与学生之间需要共同针对某些问题进行探索，并在探索的过程中相互交流和质疑，了解彼此的想法。由于经验背景的差异不可避免，学习者对问题的看法和理解经常是千差万别的。其实，学生之间存在的这些差异本身就是一种宝贵的现象资源。建构主义虽然非常重视个体的自我发展，但是也不否认外部引导，即教师的影响作用。

（4）师生角色的定位及其作用

① 教师是学生建构知识的忠实支持者。教师的作用从传统的传递知识的权威转变为学生学习的辅导者，成为学生学习的高级伙伴或合作者。教师应该给学生提供复杂的真实问题。他们不仅必须开发或发现这些问题，而且必须认识到复杂问题有多种答案，激励学生对问题的解决持多重观点，这显然是与创造性的教学活动宗旨紧密吻合的。教师必须创设一种良好的学习环境，学生在这种环境中可以通过实验、独立探究、合作学习等方式来开展学习活动。教师必须保证学习活动和学习内容保持平衡。教师必须提供学生元认知工具和心理测试工具，培养学生评判性的认知加工策

略，以及自己建构知识和理解的心理模式。教师应认识教学目标，包括认知目标和情感目标。教学是逐步减少外部控制，增加学生自我控制的过程。

② 教师要成为学生建构知识的积极帮助者和引导者，应当激发学生的学习兴趣，引发和保持学生的学习动机。通过创设符合教学内容要求的情境和提示新旧知识之间联系的线索，帮助学生建构当前所学知识的意义。为使学生的意义建构更有效，教师应尽可能组织协作学习活动，让学生展开讨论和交流，并对协作学习过程进行引导，使之朝有利于意义建构的方向发展。

③ 学生是教学活动的积极参与者和知识的积极建构者。建构主义要求学生认知复杂的真实世界的情境，并在复杂的真实情境中完成任务，因而，学生需要采取一种新的学习风格，新的认识加工策略，形成自己是知识与理解的建构者的心理模式。建构主义教学比传统教学要求学生承担更多的管理自己学习活动的机会，教师应当注意使机会永远处于维果斯基提出的“学生最近发展区”，并为学生提供一定的辅导。

学生要用探索法和发现法去建构知识的意义，在建构意义的过程中要主动去搜集和分析有关的信息资料，对所学的问题提出各种假设并努力加以验证，要善于把当前学习内容尽量与自己已有的知识经验联系起来，并对这种联系加以认真思考。联系和思考是意义建构的关键，它最好的效果是与协商过程结合起来。

（5）建构主义的学习环境

建构主义认为，学习者的知识是在一定情境下，借助他人的帮助，如人与人之间的协作与交流，利用必要的信息等，通过意义的建构而获得的。理想的学习环境应当包括情境、协作、交流和意义建构四个部分。

① 情境。学习环境中的情境必须有利于学习者对所学内容的意义建构。在教学设计中，创设有利于学习者进行意义建构的情境是最重要的环节或方面。

② 协作，应该贯穿于整个学习活动过程中。教师与学生之间以及学生与学生之间的协作，对学习资料的收集与分析，假设的提出与验证，学习进程的自我反馈，学习结果的评价以及意义的最终建构都有十分重要的作用。协作在一定意义上是协商的意思。

③ 交流，是协作过程中最基本的方式或环节。例如：学习小组成员之

间必须通过交流来商讨如何完成规定的学习任务，达到意义建构的目标，怎样更多地获得教师或他人的指导和帮助等。其实，协作学习的过程就是交流的过程，在这个过程中，每个学习者的想法都为整个学习群体所共享。交流对于推进每个学习者的学习进程来说都是至关重要的手段。

④ 意义建构，是教学过程的最终目标。意义是指事物的性质、规律以及事物之间的内在联系。在学习过程中帮助学生建构意义就是帮助学生对当前学习的内容所反映事物的性质、规律以及该事物与其他事物之间的内在联系达到较深刻的理解。

（6）建构主义的教学原则

① 把所有的学习任务都置于为了能够更有效地适应世界的学习中。

② 教学目标应该与学生在学习环境中的目标相符合，教师确定的问题应该使学生感到就是他们本人想要提出的问题。

③ 设计真实的任务。真实的活动是学习环境的重要特征，就是应该在课堂教学中使用真实的任务和日常的活动，整合多重的内容或技能。

④ 设计能够反映学生在学习结束后就从事有效行动的复杂环境。

⑤ 给予学生解决问题的自主权。教师应该刺激学生的思维，激励他们自己解决问题。

⑥ 设计支持和激发学生思维的学习环境。

⑦ 鼓励学生在社会背景中检验自己的观点。

⑧ 支持学生对所学内容与学习过程进行反思，发展学生的自我控制技能，使之成为独立的学习者。

4. 建构主义的教学模式和教学方法

与建构主义学习理论以及建构主义学习环境相适应的教学模式是以学生为中心，在整个教学过程中由教师起组织者、指导者、帮助者和促进者的作用，利用情境、协作、会话等学习环境要素充分发挥学生的主动性、积极性和首创精神，最终达到使学生有效地实现对当前所学知识的意义建构的目的。在这种模式中，学生是知识意义的主动建构者；教师是教学过程的组织者、指导者以及意义建构的帮助者、促进者；教材所提供的知识不再是教师传授的内容，而是学生主动建构意义的对象；多媒体也不再是帮助教师传授知识的手段、方法，而是用来创设情境，进行协作学习和会话交流，即学生主动学习、进行协作式探索的认知工具。显然，在这种场合，教师、学生、教材和媒体等四要素与传统教学相比，各自有完全不同的作用，彼此之间有完全不同的关系。但是这些作用与关系也是非常清楚、明确的，因而成为教学活动进程中的另外一种稳定结构形式，即建构主义学习环境下的教学模式。

在建构主义的教学模式下，目前已开发出的，比较成熟的教学方法主要有以下几种。

（1）支架式教学（Scaffolding Instruction）

支架式教学被定义为应当为学习者建构对知识的理解提供一种概念框架。这种框架中的概念是为加强学习者对问题的进一步理解所需要的，因此，事先要把复杂的学习任务加以分解，以便于把学习者的理解逐步引向深入。

支架原本指建筑行业中使用的脚手架，在这里用来形象地描述一种教学方式：儿童被看作一座建筑，儿童的“学”是不断地、积极地建构自身的过程；而教师的“教”则是一个必要的脚手架，支持儿童不断地建构自己，培养新的能力。支架式教学是以维果斯基的“最近发展区”理论为依据的。维果斯基认为，在测定儿童智力发展水平时，应至少确定儿童的两种发展水平：一是儿童现有的发展水平，二是潜在的发展水平，这两种水平之间的区域称为“最近发展区”。教学应从儿童潜在的发展水平开始，不断创造新的“最近发展区”。支架教学中的“支架”应根据学生的“最近发展区”来建立，通过支架作用不停地将学生的智力从一个水平引导到另一个更高的水平。

支架式教学由以下几个环节组成。

① 搭脚手架。围绕当前学习主题，按“最近发展区”的要求建立概念框架。

② 进入情境。将学生引入一定的问题情境。

③ 独立探索。让学生独立探索，探索内容包括确定与给定概念相关的各种属性，并将各种属性按其重要性顺序排列。探索开始时，要先由教师启发引导，然后让学生自己去分析；探索过程中，教师要适时提示，帮助学生沿概念框架逐步攀升。

④ 协作学习。进行小组协商、讨论，讨论的结果有可能使原来确定的，与当前所学概念有关的属性增加或减少，各种属性的排列次序也可能有所调整，并使原来多种意见相互矛盾且态度纷呈的复杂局面逐渐变得明

朗、一致起来。在共享集体思维成果的基础上达到对当前所学概念比较全面、正确的理解，即最终完成对所学知识的意义建构。

⑤ 效果评价。对学习效果的评价，包括学生个人的自我评价和学习小组对个人的学习评价。评价内容包括自主学习能力，对小组协作学习所做出的贡献，是否完成对所学知识的意义建构。

（2）抛锚式教学（Anchored Instruction）

这种教学要求建立在有感染力的真实事件或问题的基础上。确定这类事件或问题被形象地比喻为“抛锚”，因为一旦这类事件或问题被确定了，整个教学内容和教学进程也就被确定了（就像轮船被锚固定一样）。建构主义认为，学习者要想完成对所学知识的意义建构，即达到对该知识所反映事物的性质、规律以及该事物与其他事物之间联系的深刻理解，最好的办法是让学习者到现实世界的真实环境中去感受、体验（即通过获取直接经验来学习），而不是仅仅聆听别人（如教师）关于这种经验的介绍和讲解。由于抛锚式教学要以真实事例或问题为基础（作为“锚”），所以有时也被称为“实例式教学”或“基于问题的教学”或“情境性教学”。

抛锚式教学由这样几个环节组成。

① 创设情境。使学习行为能在和现实情况基本一致或相类似的情境中发生。

② 确定问题。在上述情境下，选择与当前学习主题密切相关的真实事件或问题作为学习的中心内容。选出的事件或问题就是“锚”，这一环节的作用就是“抛锚”。

③ 自主学习。不是由教师直接告诉学生应当如何去解决面临的问题，而是由教师向学生提供解决该问题的有关线索，并特别注意发展学生的自主学习能力。

④ 协作学习。讨论，交流，通过不同观点的交锋，补充、修正、加深每个学生对当前问题的理解。

⑤ 效果评价。由于抛锚式教学的学习过程就是解决问题的过程，由该过程可以直接反映出学生的学习效果，所以对这种教学效果的评价不需要进行独立于教学过程的专门测验，只需在学习过程中随时观察并记录学生的表现即可。

（3）随机进入教学（Random Access Instruction）

由于事物的复杂性和问题的多面性，要做到对事物内在性质和事物之间相互联系的全面了解和掌握，即真正达到对所学知识的全面而深刻的意义建构是很困难的，往往从不同的角度考虑可以得出不同的理解。为克服这方面的弊病，在教学中就要注意对同一教学内容，要在不同的时间，不同的情境下，为不同的教学目的，用不同的方式加以呈现。换句话说，学习者可以随意通过不同途径、不同方式进入同样教学内容的学习，从而获得对同一事物或同一问题的多方面的认识与理解，这就是所谓“随机进入教学”。显然，学习者通过多次“进入”同一教学内容能达到对该知识内容比较全面而深入的掌握。这种多次“进入”，绝不是像传统教学那样，只是为巩固一般的知识、技能而实施的简单重复。这里的每次“进入”都有不同的学习目的，都有不同的问题侧重点。因此，多次“进入”的结果，绝不仅仅是对同一知识内容的简单重复和巩固，而是使学习者获得对事物全貌的理解与认识上的飞跃。

随机进入教学主要包括以下几个环节。

① 呈现基本情境。向学生呈现与当前学习主题的基本内容相关的情境。

② 随机进入学习。取决于学生随机进入学习所选择的内容，而呈现与当前学习主题的不同侧面特性相关联的情境。在此过程中，教师应注意发展学生的自主学习能力，使学生逐步学会自己学习。

③ 思维发展训练。由于随机进入学习的内容通常比较复杂，所研究的问题往往涉及许多方面，所以，在这类学习中，教师应特别注意发展学生的思维能力。

④ 小组协作学习。围绕呈现不同侧面的情境所获得的认识展开小组讨论。在讨论中，每个学生的观点在和其他学生以及教师一起建立的社会协商环境中受到考察、评论，同时，每个学生也对别人的观点、看法进行思考并做出反映。

⑤ 学习效果评价。包括自我评价与小组评价。评价内容包括自主学习能力，对小组协作学习做出的贡献，是否完成对所学知识的意义建构。

5. 建构主义的教学设计

建构主义学习理论强调以学生为中心，认为学生是认知的主体，是知识意义的主动建构者；教师只对学生的意义建构起帮助和促进作用，并不被要求直接向学生传授和灌输知识。在建构主义学习环境下，教师和学生的地位、作用和传统教学相比已经发生了很大的变化。近年来，教育技术领域的专家们进行了大量的研究与探索，力图建立一套能与建构主义学习理论以及建构主义学习环境相适应的全新的教学设计理论与方法体系。尽管这种理论体系的建立是一项艰巨的任务，并非短期内能够完成的，但是其基本思想及主要原则已日渐明朗，并已开始实际应用于指导基于多媒体和 Internet 的建构主义学习环境的教学设计。建构主义的教学设计原则如下。

(1) 强调“以学生为中心”

明确“以学生为中心”，这一点对教学设计有至关重要的指导意义，因为从“以学生为中心”出发与从“以教师为中心”出发将得出两种全然不同的设计结果。至于如何体现“以学生为中心”，建构主义认为可以从三个方面努力：第一，要在学习过程中充分发挥学生的主动性，要能体现出学生的首创精神；第二，要让学生有多种机会，在不同的情境下去应用他们所学的知识（将知识“外化”）；第三，要让学生能根据自身行动的反馈信息来形成对客观事物的认识和解决实际问题的方案（实现自我反馈）。

以上三点，即发挥首创精神、将知识“外化”和实现自我反馈，可以说是体现“以学生为中心”的三个要素。

(2) 强调“情境”对意义建构的重要作用

建构主义认为，学习总是与一定的社会文化背景，即“情境”相联系的。在实际情境下进行学习，可以使学习者能利用自己原有认知结构中的有关经验去“同化”和“索引”当前学习到的新知识，从而赋予新知识以某种意义；如果原有经验不能“同化”新知识，则要引起“顺应”过程，即对原有认知结构进行改造与重组。总之，通过“同化”与“顺应”才能达到对新知识意义的建构。在传统的课堂讲授中，由于不能提供具有生动性与丰富性特点的实际情境，学习者对知识的意义建构产生了一定的困难。

(3) 强调“协作学习”对意义建构的关键作用

建构主义认为，学习者与周围环境的交互作用，对理解学习内容（即对知识意义的建构）起着关键性的作用。这是建构主义的核心概念之一。学生在教师的组织和引导下一起讨论和交流，共同建立起学习群体，并成为其中的一员。在这样的群体中，共同批判地考察各种理论、观点和假说；进行协商和辩论，先内部协商（即和自身争辩到底哪一种观点正确），然后再相互协商（即对当前问题摆出各自的看法、论据及有关材料，并对别人的观点做出分析和评论）。通过这样的协作学习环境，学习者群体（包括教师和每位学生）的思维与智慧就可以被整个群体所共享，即整个学习群体共同完成对所学知识的意义建构，而不是由其中的某一位或某几位学生来完成意义建构。

（4）强调对学习环境（而非教学环境）的设计

建构主义认为，学习环境是学习者可以在其中进行自由探索和自主学习的场所。在此环境中，学生可以利用各种工具和信息资源（如文字材料、书籍、音像资料、CAI与多媒体课件以及Internet上的信息等）来达到自己的学习目标。在这一过程中，学生不仅能得到教师的帮助与支持，而且学生之间也可以相互协作和支持。学习应当被促进和支持，而不应受到严格的控制与支配，学习环境则是一个支持和促进学习的场所。在建构主义学习理论指导下的教学设计应是针对学习环境的设计而非教学环境的设计。因为，教学意味着更多的控制与支配，而学习则意味着更多的主动与自由。

（5）强调利用各种信息资源来支持“学”（而非支持“教”）

为了支持学习者的主动探索和完成意义建构，在学习过程中要为学习者提供各种信息资源（包括各种类型的教学媒体和教学资料）。这些信息资源并非用于辅助教师的讲解和演示，而是用于支持学生的自主学习和协作式探索。对信息资源应如何获取，从哪里获取，以及如何有效地加以利用等问题，是学生在主动探索过程中迫切需要教师提供帮助的内容。

（6）强调学习过程的最终目的是完成意义建构（而非完成教学目标）

在建构主义学习环境中，强调学生是认知主体，是意义的主动建构者，所以把学生对知识的意义建构作为整个学习过程的最终目的。教学设计通常不是从分析教学目标开始，而是从如何创设有利于学生意义建构的情境开始。整个教学设计过程紧紧围绕“意义建构”这个中心展开。无论是学生的独立探索、协作学习，还是教师辅导，学习过程中的一切活动都要从属于这一中心，都要有利于完成和深化对所学知识的意义建构。

6. 建构主义学习理论对教学的影响

建构主义者认为，学习目的只是为学习者建构自己的认知结构提供了一个参照系或内部情境，由学习者自己确定，学习目的的形成与学习过程中产生的真实任务有关。

建构主义强调，知识并非是对现实的正确表征，而只是一种解释或假设；知识也不是问题的最终答案，而是会随着社会的进步被扬弃的。教科书只是一种文本，在被学习者接受之前毫无意义。学习者以自己的经验和信念为背景来分析、判断文本的合理性，并依靠自己的建构来完成对教学内容的接受。因而，在确定教学内容上，建构主义对传统教学设计提出了挑战，主张为学习者提供真实的情境。只有在现实世界的具体情境中，才能使学习变得较为有效。情境创设是教学设计最重要的内容之一。

在分析教学对象方面，建构主义主张把学习者现有的知识经验作为新知识的生长点，注重对学习者原有知识经验的分析，重视学习者自身对各种事物的理解，倾听他们的想法，洞察这些想法的由来，并以此为据，引导学习者丰富或调整自己的理解，形成新的知识结构。建构主义者所倡导的教学策略和方法是，帮助学习者积极地探究复杂的主题或环境，并且像某一个领域的专家那样思考问题。知识不是抽象的，而是与学习的情境以及学习者带入这一情境的经验有密切关系的，所以，要鼓励学习者建构自己的理解，然后通过社会协商证明其合理性。不要事先规定要学习的内容，而要从多种来源获取信息。建构主义者采用的一些具体的策略包括在真实的情境中确定任务，运用认知学徒方法（对学习者怎样达到专家水平进行示范和辅导），交流多种观点（合作性学习，提出、分享不同的见解），社会协商（争辩、讨论和提供证据），运用真实的事例，反思，以及对建构过程提供可靠指导等。

关于教学评价，建构主义主张采用过程性评价方法，强调对学习者成长过程的真实记录，注重对真实问题的解决。

从以上论述，我们似乎可以看出，由于对学习的理解不断深入，以学习理论为基础的教学发生了重心的转移。一直以来，知识和技能的掌握与学生的发展都是教学的终极追求，然而，由于人们对“人”的认识、对知识的理解以及对学习心理机制的探索的局限，教学的价值追求常有失偏颇。尤其是受到科学主义、技术理性的影响，教学常常表现为对科学知识的掌握，对客观真理的追求，而对师生在教学过程中关于“人”的发展常常忽视，甚至无视“人”的存在，把“人”等同于物，更谈不上对学生个体性发展的关怀。当我们把目光从科学知识转移到“人”的个体意义建构时，我们发现，教学成为建立在“主体间性”之上的一种价值创造活动。教学不仅是对客观知识的学习，更在于教师、学生生命意义的展开。这意味着教学的重心转移，由原先的主客对立、科学定向的思维方式转向关注“主体间性”，关注师生的生命意义。

第二章 指导自主学习教改实验

第一节 信息技术支持下的"指导自主学习"实践研究

信息技术的迅猛发展对传统教学提出了新的挑战，它将改变学校教育中的学习方式，导致课堂教学发生深刻变化，也会给我们带来更广阔的学习空间。信息技术支持下的教学将成为学校教学的重要组成部分。在信息技术支持下如何有效地利用现有教学设施，探索学生自主学习、协作学习、探究学习的教学模式，成为广大教师共同关心的一个课题。2002 年，我校结合学生的实际需求，开设了信息技术实验班，并申报了国家级教研课题"信息技术支持下的数学'指导自主学习'教改实验"。在接下来的教学实践中，我们进行了很多有益的尝试。

1. 课题的提出

（1）课题提出的背景

在福建省普通教育教学研究室王永老师和福建师范大学教育系余文森教授的指导下，我校于 1998 年 7 月至 2002 年 7 月开展了 4 年"指导自主学习"教改实验，取得了一些经验，也发现了存在的问题。

经验：①"指导自主学习"教改实验打破了传统的教学模式，构建了"先学后教，超前断后"的教学模式；②"指导自主学习"教改实验强调师生平等，学生在教师指导下进行自主学习、协作学习、探究学习，教学更具有针对性、活动性、开放性；③"指导自主学习"教改实验实现了从"教师教会"向"学生会学"的教学转移，让学生学会了学习，学会了思考。

问题：①自主学习的资源不足，来自书本的资源较单调、枯燥，难以激发学生的学习兴趣，难以调动学生学习的积极性，不能使学生主动参与学习；②教师在学生自主学习过程中的作用如何体现？即在"指导自主学习"教学模式中如何发挥教师的指导功能？这有待于进一步研究；③课堂交互性差，缺乏信息技术支持，无法实现师生之间、生生之间的协作学习与交互学习；④自主学习容易使学生的学习进度产生两极分化，开展"异步教学”“个别化教学”迫在眉睫。

（2）课题研究的问题

基于以上背景，我校提出了“信息技术支持下的数学‘指导自主学习’教改实验”这一研究课题。重点研究如何充分发挥信息技术优势，深入开展数学指导自主学习，即在教师的指导下如何实现学生的自主学习、协作学习和探究学习。

2. 课题实施

（1）教学空间的变革：多功能网络教室

目前，我们为实验班专门配备了网络教室。它由硬件、软件、潜件 3 个部分组成。

硬件：每位学生 1 台专用计算机，并连接宽带网，配备液晶投影仪、实物展台、VCD 等设备。教室以小组讨论的形式布局，并设置图书角（文本、电子图书）。

软件：在网络教室配置网络光盘资源共享系统、网络视频点播系统、Internet 资源共享系统、视频广播系统、屏幕广播系统、新教材初中数学教学软件系统、新一代数学网上测试和评估系统及师生共同建立的学习资源库等。

潜件：对教师和实验班的学生进行培训。对教师的培训，以教师自学为主，采取专题培训、讲座、讨论和外出培训等多种方式引导他们学习现代教育理论，特别是建构主义“学与教”理论、建构主义“学习环境”理论、“指导—自主学习”理论、现代信息技术的有关理论等。还专门聘请集美大学教育学、心理学、信息技术方面的专职教授进行指导。实验班学生由课题组成员和计算机教师共同进行培训，培训内容包括计算机基本操作、输入法、几何画板等。

（2）学与教的变革

① 教师备课。

教学空间的改变，自然引发教师备课产生变化，以适应新环境下的教学活动。教师主要从以下两方面着手备课。

A. 建立数学资源库。

建立数学资源库要以数学知识网络为主线，即按学习中学数学的思想方法进行分类，按学生学习的需要充实内容。内容包括课内学习资源（以教材内容为依据重新编写)、课外学习资源(如“数学竞赛”“趣味数学”“数学应用”“数学史”与“数学家”等课件)、试题库等。

B. 引导学生参与学习的全过程。

由于教学手段的改变,教师的教学模式发生了根本性变化,由原来的灌输式教学模式向以学生自主学习、协作学习、交互学习、探究学习为主的教学模式转变。因此,教师的作用也发生了变化,由原来的教师手把手教学生知识转变为教师引导学生参与学习的全过程。在信息技术的支持下,教师的课前任务主要体现在:a. 教学内容问题化、信息化,即教师把所教的内容设计成若干问题,或设计一个情境让学生自己提出问题,或以某些信息的形式传递给学生;b. 教学问题形象化、生活化,即引导学生解决问题时,教师尽量利用计算机动态模拟功能,设计出一些形象的、生活化的课件,便于学生理解;c. 教学对象具体化、个性化,即教师对学生的学情认真分析,利用计算机的“隐藏”“链接”等功能为不同程度的学生呈现不同层次的教学内容;d. 教学过程自主化、活动化,即教师所设计的教学过程应充分考虑到学生的自主学习、自主实践,以学生主动参与学习活动的形式完成教学任务。

② 学生上课。

学生根据教师布置的任务,以及教师指定的学习路线,充分利用计算机中的资源进行自主学习、协作学习、交互学习、探究学习。

A. 自主学习:a. 从教师的“文件夹”中获取学习任务;b. 用计算机学习(利用电子光盘、资源库、互联网查找);c. 文本学习(查找课本,利用图书角的资源);d. 将学习内容用计算机中的“记事本”或“Word”记录下来。

B. 协作学习:a. 划分六人小组,讨论交流存在的问题;b. 利用电子邮件向其他小组的同学求教;c. 将不能解决的问题上传到教师的“文件夹”。

C. 交互学习:a. 由小组推荐一人在课堂上发言,提出存在的问题,然后由全班同学共同解决;b. 利用联机讨论的方式,把每天不懂的问题向全班同学求教,共同解决存在的问题,每个学生都将讨论的内容保存在指定的“文件夹”中,经过筛选排出自己需要的内容。

D. 探究学习:针对某个共同感兴趣的问题组成学习小组深入研究,分工进行搜索资料、参加实践等获取所需数据的活动,然后共同整理资料,写出总结性报告或数学小论文。

③ 课后任务。

学生课后做什么？有两项任务：第一，整理在课堂学习上的收获和需要解决的疑难问题，写出学习体会，并制作成网页；第二，帮助教师搜集新课教学需要用到的资源，并保存在教师指定的“文件夹”中，以达到“先学后教，先试后做”的目的。

3. 成果初现

从2002年至今，在初一班级开展实验多年来，我校的改革得到了省、市教育行政部门的关注和学校领导的大力支持。在实验班教师群策群力，课题组成员积极探索并及时根据实验情况调整教学策略，探索新举措下，实验初见成效。

(1) 坚定了学生学习的信心，培养了学生自主学习、自主实践、自主探索、自主创新的科学态度。

实验期间，我们曾用调查问卷的形式对学生进行了调查，结果如下：

① 你喜欢数学课吗？　答“喜欢”的占94%。

② 你对现阶段使用的教学方式是否赞成？　答“赞成”的占90%。

③ 你认为用计算机能否帮助自己学习数学？　答“能”的占84%。

④“指导自主学习”的学习方式适合你吗？　答“适合”的占80%。

⑤ 你对学好数学有信心吗？　答“有”的占92%。

⑥ 老师使用这种教学方法以后，你的成绩如何？　答“有进步”的占74%。

⑦ 在信息技术支持下进行指导自主学习，你还有什么收获？

答“提高了计算机应用能力”的占100%，“提高了学习兴趣”的占98%，“培养了自主学习能力、自主实践能力、探索能力、创新能力”的占90%。

⑧ 请你以《我与网络》为题写一篇小文章。

一位叫牛梦溪的同学这样写道：

我喜欢网络课

一开学，我就被分配到实验班，但我很不情愿。一个学期过去了，我爱上了实验班，并且特别爱上网络课，因为它让我学得轻松。老师教了许多应用软件的操作方法，我用这些软件做了许多有趣的图像，也从老师的资源库中找到了很多有用的学习材料，还能上网查找我需要的一切，真是有趣极了。渐渐地，我了解了网络教学的特点：学生自我学习靠网络，靠同学互相帮助，老师只是问问题的“工具”而已。这样一来，学生就能自由开拓思维。在这种教学模式下，学生只要能“自控”，便可达到传统教学很难达到的效果。

我觉得实验班是一个具备创新精神而优秀的班级，我一定要在这个班里好好学习。

浓厚的学习兴趣，积极的学习态度以及自主学习、自主实践、自主探索的学习方式能促进数学创造，甚至可以弥补学生智力上的不足。这个调查结果表明，我们的实验无论是对学生的智力因素还是非智力因素都有积极的促进作用，也证明了实验的指导思想、教学形式和教学手段深受学生欢迎，是符合学生的需要和渴望的。

（2）实验班通过一年的实验，在2003—2004学年参加的期末统一考试及数学综合素质考评中，成绩喜人。

从开始基本平行分班到一年后的学年考试和各项综合素质考评发现，实验班数学成绩3项指标（平均分、合格率、优秀率）都得到明显提高。更值得一提的是，在创新大赛、数学小论文评比、数学知识竞赛及网页制作大赛中，实验班取得了喜人的成绩。这也从一个侧面说明，信息技术支持下的“指导自主学习”对提高学生的学习兴趣以及培养学生的自主学习能力、探索能力、实践能力具有重要意义。

（3）实验班教师自身素质得到提升。

实验期间，通过开展理论学习，上研究课，上示范课，撰写实验报告、阶段性小结、教改论文等，大大提高了教师的教研能力和业务素质。主要体现在以下几个方面：①在各级各类公开课上，实验班教师所讲的课，均受到领导、同行的关注和好评；②实验课教案入选优秀教案集；③实验班教师撰写的多篇教改论文在全国、省、市开展的评比活动中获奖；④实验班教师的计算机水平得到迅速提高。

4. 实验的反思与体会

（1）信息技术支持下的指导自主学习的优势

① 优化了学习环境，拓展了学习空间。

计算机进入课堂对于优化学生的学习环境，拓展学习空间起着重要作用。主要表现在以下 3 个方面：A. 形成了学习资源的网络化，改变了原来学习资源单一的模式，丰富了教学资源；B. 提供的教学工具多样化，在原来只有黑板加粉笔的单一工具基础上，加进了多媒体等现代工具；C. 实现了人际关系平等化，即无论是课堂学习，还是课后学习，都形成了师生之间，学优生、中等生、学困生之间的真正平等，建立起温馨、和谐的学习环境。

② 改变了学生的学习方式。

计算机网络使传统的接受式学习向建构式学习转化，形成了建构式学习的新模式，即学生通过自主参与、自主实践、自主探索获取新知识。主要体现在：A. 让学生承担了学习的责任——学会了自主学习；B. 实现了因人施教——个别学习、协作学习、交互学习；C. 实现了对信息进行采集和转化的研究性学习，提高了学生的信息素养；D. 让学生参与了学习的自我管理，即学生享有自我制订学习目标和学习任务，安排学习时间，探索感兴趣的问题，反思自我学习情况的权利。

③ 找到了创新的工具。

创新教育是关系到民族复兴的伟大事业，是素质教育的核心。实施创新教育是当前的紧迫任务。计算机的出现为创新教育的实施开拓了新的局面，主要体现在：A. 网络环境下的学生学习，学生有着双重身份，既是主体也是主导，主动、积极参与数学活动，和教师平等合作，奠定了创新的基础。B. 创设了创新的情境。计算机系统把数字、图片等直观地展示出来，给学生提供了具体、生动的形象，以此调动学生的多种感官，特别是屏幕上出现的彩色图画，把学生的审美体验推向高潮，使学生进入到主动学习、积极思维、探索知识的认识活动中去，激发了他们的创新意识。C. 开展数学实验活动，培养了学生的发现能力，成为创新的关键。计算机模拟功能为数学实验提供了大量的机会，从而在解决许多问题时都可以采用“观察—实验—发现”的思维模式，大大锻炼了学生的创新思维。

④ 突显了其育人功能。

在网络环境下实施数学教学，特别注重人的个性化和主动实践的教学，让学生进行自主学习、协作学习、交互学习、探究学习，也特别显示出它的育人功能。自主学习能培养学生的独立品性，协作学习、交互学习能培养学生的平等观念和合作品质，探究学习能培养学生的创新追求、探索精神等。总之，网络环境下的中学数学教学对人的发展有着常规教学不可比拟的作用。

（2）信息技术支持下的指导自主学习遇到的问题及努力的方向

反思实验过程及效果，我们发现常规教学的一些方面在网络教学中难以实现。例如：①教师生动、形象的示范作用，以及组织起来的课堂活跃氛围，在网络教学环境下难以实现；②常规教学中，教师能够根据学生现有水平进行逐层思维引导，以及教师在课堂教学中善于发现、抓住学生的闪光点，并进行谆谆教导，在网络环境下进行教学则很难达到同样的效果；③用计算机书写数学符号较为麻烦，很难像在纸张上书写一样快捷、自如，浪费了时间。

（3）对信息技术支持下的指导自主学习的体会

① 在网络环境下实施数学教学，还必须继承常规教学的优势，要寻找二者最佳结合的方法。即有了计算机等多媒体，并不代表所有的教学过程都必须用计算机完成，应该以是否有利于学生的发展为基本前提，灵活应用。

② 实现了从教知识到教方法的转变。计算机的出现，使中学数学教学的重心从教师教知识向学生学方法转移。

③ 充分认识到信息的重要性。在信息时代，信息对人的发展起着至关重要的作用。利用网络进行教学，大大培养了学生的信息意识和有关素养（包括采集信息、提炼信息、利用信息的能力），有利于人的全面发展。

总之，信息技术支持下的数学“指导自主学习”模式是新课改下的一种有益尝试，在培养学生的学习兴趣，提高学生的自主学习能力、探索能力、创新能力等方面有许多优势，值得我们今后进一步探讨、研究和改进。

第二节 “导学案”教学模式的指导自主学习实践研究

随着我国基础教育新课改的进一步深化，基础教育改革虽然取得了一定的进展，但学校教育特别是课堂教学中存在的一些问题并没有得到根本解决。新时期对教育提出了新要求，改变传统的教育思想，树立一种崭新的教育观念，培养具有创新精神和创造能力，同时个性又能得到充分发展的人才，已成为现代教育的重要任务。“导学案”教学模式正是适应了当今教育的要求和学生自身发展的需要，坚持以学生的发展为本，其精髓是学生在教师指导下，自主学习，主动探究，把被动接受学习的过程变成主动发现知识，掌握科学学习方法的过程。这是对传统教育观念和教学模式的一次革命性变革。

下面对“导学案”教学模式的研究分成五个步骤：①“导学案”教学模式的提出；②“导学案”教学模式的依据；③“导学案”教学模式的实施；④“导学案”教学模式的效果分析；⑤“导学案”教学模式的总结与反思。

首先，教师通过广泛调研学生的学习现状，研究学生建构知识的各种因素及可能性，结合新课改的实际，提出“导学案”教学模式，并从建构主义的学习理论、人本主义人性论理论、最近发展区理论及中学生自身特点等方面论述了实施“导学案”教学模式的理论依据和现实意义。

其次，本书围绕着“导学案”的编写和“导学案”在数学教学中的应用两方面内容，阐述了我们对“导学案”的认识，即什么是“导学案”，如何编写“导学案”，它由哪几部分组成，设计成什么样的形式，如何利用“导学案”指导学生自主学习，并从课前、课堂、课后三个教学环节说明了“导学案”在数学教学中的应用，以具体实例说明如何编好、用好“导学案”，详细叙述了“导学案”教学各环节的操作过程。

再次，在数学教学中进行“导学案”教学模式实验，从五个方面介绍了实验的总体情况：①实验的设计；②实验的过程；③实验的结果；④实验的结果分析；⑤实验的总结与反思。本实验采用“FAT”量表中的相关部分对学生实验前后的学习热情进行测试，并借助卢仲衡先生对自学能力的划分，再加上本人的教学经验及对自学能力的理解，对学生的自学能力进行了测试，对实验班和对照班学生的学业等方面进行比较，分析它们之间的差异。实验证明，“导学案”教学模式改变了传统的讲授式教学模式，学生从被动的“要我学”转变为积极主动的“我要学”，激发了学习热情，学会了学习，学会了思考，从而提高了学业成绩和自学能力。对实验的结果，本书又运用心理学理论进行了分析，并对在实验过程中出现的问题进行了总结与反思。

1. “导学案”教学模式的提出

我国基础教育新课改实践使我们认识到，要切实推行素质教育，培养创新人才，必须构建并实施与之相适应的课堂教学模式，因此，开展素质教育的主渠道——课堂教学的研究，应是每位教育工作者面临的重要课题。

近十多年来，随着教学改革的不断深入，课堂教学出现了不少新的组织形式，但绝大多数在深层次上并没有发生实质的变化。传统的课堂教学模式还是具有超常的稳定性，主要是以教师为中心，从教师的“教”出发，并提供了较明确的可操作程序。教师只根据教材和教参，按部就班进行操作即可。传统教学模式因此扎根于千百万教师的日常教学中。其结果是，由于教学中的教学目标、教学重点、教学难点、教学方法等，一般都是从教师“教”的角度设计的，导致在课堂教学实践中，教师往往忽视对学生的学习方法、学习态度、学习习惯、学习能力等知识以外的素质的培养。教师根据教案教学，学生被动地接受，致使在教学中“教师只管讲，任由学生听”“教师讲得天花乱坠，学生听得昏昏欲睡”的教学状况仍然存在着一定的普遍性，影响了对学生实践能力和创新精神的培养，影响了教育方针的全面贯彻落实。所以，从目前教学的实际看，把课堂变成师生共同提出问题、解决问题的阵地，让学生积极主动地学习，全面提高学生的科学素质，应是新课堂教学改革的目标。

(1)“导学案”教学模式提出的背景

新课改的实施是我国基础教育战线的一场深刻的变革，是一次从教育理念到教学实践的全面改革与创新。新课改以前所未有的影响力和态势稳步地向前推进。由于这场变革是一项开创性的工作，不存在现存的、确定的模式可以套用，所以，围绕新课改的种种探索也开展得如火如荼。作为课改的重头戏——课堂教学模式改革的探索自然成为新课改中最亮丽的风景线。

那么，在新课改背景下，如何改变传统的课堂，让课堂更具效率和活力，让学生在课堂上更具施展的空间呢？围绕这一主题，我校进行了大量的调查研究，试图提出一种符合我校实际的课堂改革模式。我们数学组教师通过一年来对我校数学课堂的调研及对大量学生的访谈发现，在数学学科教学中，主要存在以下问题。

教师层面：①教师普遍重视在课堂上如何教好，课后如何巩固，而忽视了学生的课前准备，即学生在学习新知识前应该做什么。②教师对数学教学的局限性。由于中、高考的现实性，教师通常会受到来自学校、家长的压力，不得不想方设法提高学生的考试成绩，因此对学生兴趣、主动学习的能力的培养就有所忽视，时间一长就演变成了应试教育。然而这种教育的结果就是，学生只会模仿，不会学习，对学生今后的发展是极其不利的。

学生层面：①学生对数学学习兴趣不足，缺乏学数学的主动性。数学是每个人都应学习，与生活联系很紧密的一门学科。但一提数学，学生往往觉得枯燥，不愿意去学，而为了考试，为了分数，为了前途，又不得不去学。正因为这种被动的学习态度，学习效果通常很不理想。缺乏兴趣与主动是学生无法学好数学的一个重要原因。②数学学习只限于表面，缺乏主动钻研、开拓思维的精神。通常我们以为数学就是算术，这当然是事实。但是数学并不仅仅局限于算术，它包含的逻辑智能可以帮助我们了解如何看待和解决问题，但这种智能的开发需要我们在平时学习中深入钻研。而目前，学生在学习的过程中对问题的解决往往只会生搬硬套，不能够在研究解题方法中开拓思维，无法提高解决问题的能力。

基于上述现状，我们学习和研究了大量的课改实验，发现“导学案”教学模式比较适合我校学情，并提出了自己的教学模式：从学生的“学”出发，研究如何利用“导学案”进行导学。一切“导”都要以学生的学习为中心，围绕学生的“学”而“导”，即坚持以学生为本，以学生的发展为本，其精髓是学生在教师指导下，自主学习，主动探究，把被动接受学习的过程变成主动发现知识，掌握科学研究方法，培养创新意识和创新能力的过程。这是对传统教育观念、教学模式的革命性变革。

（2）实施“导学案”教学模式的目的和意义

① 实施“导学案”教学模式的目的。

实施“导学案”教学模式的直接目的是提高基础教育质量，满足素质教育要求，充分发挥学生的主体作用，调动学生学习的积极性和主动性，提高学生的学习能力，使学生养成良好的学习品质和习惯，培养创新型人才。同时提高数学教师素质，促进教师教学观念的转变，培养一批具有现代教育观念，掌握先进教学的基本方法，具备教育科研能力的新型教师。

实施“导学案”教学模式的间接目的是培养学生主动学习的习惯和能力，为学生的终身学习和终身发展服务。

② 实施“导学案”教学模式的意义。

A. “导学案”教学模式是实施素质教育的有效途径。素质教育着眼于全体学生的全面发展。“导学案”教学模式在教学的各个环节中，以“学案”为依托，以教师为主导，以学生为主体，以训练为主线，力图让学生通过动手、动口、动脑，发展个体素质和思维能力。教师在课堂上给予学生更多的自学时间，教给学生自学的方法，使学生由“学会”向“会学”转变，为学生以后的自我发展打下良好的基础，为实施素质教育提供有力的保障。

B.“导学案”教学模式符合新课改精神，有利于形成我校教学特色。“导学案”教学模式贯彻了新课程教学策略的着力引导—主动参与—有效建构，推崇的是“自主—合作—交流—反馈”的学习方式，倡导的是一种动态的教学流程，突出自主学习，主体参与，合作交流，互动互促，探索创新，主体发展，有利于形成我校的教学特色。

C.“导学案”教学模式能培养学生的合作精神和自学能力。“导学案”教学模式使师生之间变成了朋友式的合作关系，将教师的正确传授过程变为帮助学生不断排除错误，寻找正确答案的过程。在讨论等课堂教学活动中采用学优生带学困生、学困生学习学优生的思维方式和学习方法，学优生起到了学困生的“第二教师”的作用，从而大大优化了学优生与学困生之间的关系，也提高了学生的自主学习能力。

D.“导学案”教学模式提高了教师的业务素质。“导学案”教学模式对教师提出了更高的要求。教师不仅要写教案，还要根据学生的实际编写“导学案”，加深了与学生及其他教师之间的联系。在教师中进一步形成了钻研教材、探讨教法的良好风气。

（3）“导学案”教学模式的目标和内容

① 根本目标：以生为本，以学定教；以学生的可持续发展为本，培养学生的数学素养。做到两大突破：A. 创立适合学生的教学模式，倡导“导学”方式多样化。数学教学应从学生实际出发，创设问题情境，使学生在活动中获取知识，形成技能，发展思维，学会学习，在教师的指导下“生动活泼地、主动地、富有个性地”学习。B. 最大限度地缩小“课程—教材—课堂—学生”之间的落差。数学教学是数学活动的教学，侧重于师生之间、学生之间的交往互动。因此，“导学案”教学模式中，数学教师一方面要以“学”的身份，思学生“所思、所感、所难，所错、所忘、所乐”，另一方面要以“教”的身份，帮助学生“变好动为活动，变好胜为好奇，变学答为学问，变粗心为细心，变从众为批判，变孤僻为合作，变依赖为独立，变自卑为自信”，寻求师生互动中的和谐共振，达到教学效

果的最优化。

② 研究的内容："导学案"教学模式从学生的"学"出发，研究如何利用"导学案"进行导学。即教师在充分了解学生的情况下，对不同层次的学生，拟定不同层次的教学目标，设计不同层次的课堂提问，编制不同层次的练习题，从而最大限度地调动各层次学生的学习积极性和主动性，使各层次的学生都学有所得。主要通过学生预习、小组讨论、学生质疑、反馈总结等环节进行"导"，从而变"以教为中心"为"以学为中心"，充分体现课堂教学中教师的主导作用和学生的主体地位，使学生的个性和特长得到充分的发展，提高学生独立自学的能力和创新意识。

重点与难点：A. "导学案"教学中的"导"应导在何处？在引导学生探究交流过程中，教师要如何把握好"导"的度，如何在大班教学中使每个人均有所获？B. 加强学习策略教学，是提高教学有效性的重要途径。如何帮助学生制订适当的学习目标，确认和协调达到目标的最佳途径，指导学生形成良好的学习习惯，掌握学习数学的策略？C. 评价策略的研究，由注重成绩评价向注重多元评价转变。对学生的评价，如何有效反映学生参与课堂教学的过程和解决问题的思考过程？D. 如何组织小组合作学习才能使小组学生充分讨论、交流，以提高学习的有效程度？E. 如何才能使课堂教学中师生互动、生生互动的效果达到最佳状态？F. 如何充分利用信息技术优势，并实现与数学教学的完美结合？

2. "导学案"教学模式的依据

（1）理论依据

① 建构主义的学习理论。

最早提出建构主义学习理论的是瑞士的皮亚杰。他认为，儿童是在与周围环境相互作用的过程中，逐步建构起关于外部世界的知识，从而使自身的认知结构得到发展。儿童与环境的相互作用涉及两个基本过程：同化与顺应。认知个体（儿童）就是通过同化与顺应这两种形式来达到与周围环境的平衡的，儿童的认知结构就是通过同化与顺应的过程逐步建构起来的，并在"平衡—不平衡—新的平衡"的循环中得到不断的丰富、提高和发展。

A. 学习的实质是学习者的主动建构。建构主义学习理论认为，学习不是教师向学习者传递信息，学习者被动接收知识的过程，而是学习者主动地建构知识的过程。这一过程不可能由他人代替。每个学习者都是在其现有的知识经验和信念的基础上，对新的信息进行选择加工，从而建构起自己的认知结构，而原有的知识经验系统又会因新信息的进入发生调整和改变。由此可见，在课堂上，学生的头脑并不是一块“白板”，他们往往是以自己的经验信息为基础批判地吸收知识，而不是简单地套用。不宜强迫学生被动地无条件地接受新知识，不能以教条式的机械模仿与记忆为目标，而应引导学生在原有经验的基础上，经过新旧经验相互作用而有效地、科学地完成建构知识的过程。

B. 有效的学习需要在合作中，在一定支架的支持下展开。建构主义学习理论认为，学习的意义源于建构。学生是以自己的方式和角度来理解新事物的。通过与他人的讨论、互助等多种方式，学生可以超越自己的认识，更加全面深刻地理解事物。看到那些与自己不同的理解，检验与自己相左的观念，学到新东西，对知识进行重新建构，在自己的头脑中建立起包括新知识在内的新的认知结构。基于这样的认知，我们可以将建构主义理论下的教学过程概括为以学生为中心。在整个教学过程中，教师是建构活动的设计者、组织者和指挥者，利用创设情境（知识发生的真实情况）、协作（讨论交流）、会话（用语言交流思维成果）等教学方法，充分发挥学生的主动性、积极性、批判性和创新性，最终使学生有效地完成对所学知识的建构过程。

② 最近发展区理论。

维果斯基在从事教学与发展问题研究时，提出了“最近发展区”的概念，以区别“现有发展水平”。他指出：“我们至少应该确定儿童发展的两种水平，如果不了解这两种水平，我们将不可能在每一个具体的情况下，在儿童发展进程与他受教学性之间找到正确的关系。”维果斯基将第一种水平称为“现有发展水平”，指一定的已经完成儿童发展周期的结果和由它而形成的心理机能的发展水平。第二种发展水平是“最近发展区”，意指儿童“正在形成，正在成熟和正在发展的过程”，其实质表现为，儿童在自己的这一发展阶段还不能独立，但可以在成人的帮助下做事。由此，维果斯基认为，“教育学不应当以儿童发展的昨天，而应当以儿童发展的明天为方向，只有这样，教育学才能在教学过程中激发起那些目前尚处于最近发展区内的发展过程”。所以，教师运用“导学案”进行课堂教学时，应首先检测学生对某一现实问题的理解能力。即教学就是人为的发展，教学应该站在发展的前面引导着学生的发展，是教学创造着最近发展区。

③ 人本主义心理学派的人性论理论。

人本主义认为，人是具有理性的，是善良的，是值得信赖的。人又是具有潜能的，能够健康地成长，最终达到独立自主、自我实现。也就是说，我们完全可以相信学生有能力掌握主动学习的方法，在教师指导下自主学习，完成学习新知识的任务。

（2）实践依据

中学生具有一定的观察能力，他们能根据学习目标，有计划、有选择地观察现象，动手实践，思考问题。从小学到初中，学生的独立思维能力越来越强。他们喜欢讨论、探究问题发生的来龙去脉，搞明白事物发展的前因后果。尽管中学生思维有较强的发展，但分析判断能力还不完全成熟，不能放任自流，还需教师有力的指导。这是实施“导学案”教学模式的可靠的实践依据。

3.“导学案”教学模式的实施

（1）“导学案”的概述

①“导学案”的定义。

“导学案”即学习方案。它是由教师在广泛调研学生的学习现状，研究学生建构知识的各种因素及可能性的前提下，集思广益，精心编写的指导学生自学的教学辅助材料与实施方案；它是为学生课堂学习设计的学习方案。“导学案”的设计完全从学生的“学”出发，是为学生的“学”服务的。它的目的就是要改变以教师的“教”为中心的传统的教学模式，建立起以学生的“学”为中心的全新的教学模式，真正体现“以学生为主体”的原则。正如教案是教师如何教的剧本，突出的是“教”一样，“导学案”是学生如何学的剧本，突出的是“学”。根据这个定义，“导学案”绝不是教学内容的拷贝，也不仅是教师讲授要点的简单罗列。它一方面要帮助学生将新学的知识与已有的知识经验形成联结，为新知识的学习提供适当的附着点；另一方面也要帮助学生对新学的知识进行多方面的加工，以利于学生形成更为牢固的知识体系；另外，还要指导学生掌握学习新知识的方法。

“导学案”教学模式就是运用科学的“学案”，在教师指导下“先学后教”的教学模式。“学案”与“导学”密切结合，“学案”指导“导学”，

“导学”依据“学案”，重点在“导”，变传统的单一教师讲授式和“要我学”的被动“填鸭式”为学生积极主动参与的“我要学”的教学模式。

②“导学案”与教案的区别。

教案与“导学案”是两个不同的概念。现代教育理念认为，教案是教师认真阅读教学大纲和教材后，经过分析、加工、整理而写出的切实可行的有关教学内容和讲授方法的教学方案，其着眼点在于教师“讲什么”和“如何讲”。而“导学案”是在新课标指导下，学生根据自己的知识水平、能力水准、学法特点和心理特征等具体情况，在教师主导下，由师生共同设计的，供学生在整个学习过程中完成学习任务使用的学习方案，其着眼点在于“学生学什么”和“如何学”。二者的差异在于：前者着眼于教，后者着眼于学；前者以教师为中心，后者以学生为中心；前者侧重于教师“给予”，后者侧重于学生“探究”；前者侧重于“学会”，后者侧重于“会学”；前者追求的境界是“谆谆教诲，诲人不倦”，后者追求的目标是“海阔凭鱼跃，天高任鸟飞”。二者虽然联系密切，但在目标要求、课堂角色、教育观念、课堂结构、教学方法等方面有着本质的区别。

③“导学案”的特点。

A. 基础性——面向全体学生，让其生动活泼主动地发展。尊重学生，注重充分发挥学生的主观能动性，以激发其主体精神；依靠学生，注重引导学生直接参与并完成一系列学习活动，以发挥其主体作用；信任学生，注重用足够的时间和空间，让学生自主学习和发展，以确立其主体地位，做学习的主人。

B. 开放性——教学过程体现多维互动，教师不搞“一言堂”。俗话说：“教无定法。”主要是指教师的课堂教学方法可以是多种多样的，机动灵活的。灵活的教学方法体现在教案和“导学案”的灵活设计上。

C. 主体性——学生的学习是主动的。强调学生的主体性和探索性，并不意味着教师可以“放群羊”，撒手不管。恰恰相反，教师要立足于“主导”地位，肩负起“教练”的责任。课前，要精心设计教和学；课堂上要积极施教，应变有术，引导得法。惟其如此，师生才能默契配合，和谐相处，共同实现教学目标，创造教与学的最佳境界。

D. 差异性——面向全体学生的个性。如课堂提问、习题设置等思维训练要体现针对性、层次性、梯度性。关注每一个学生，给每一个学生都提供表现的机会。

（2）“导学案”的编写

①“导学案”编写的原则。

设计和编制符合要求的“导学案”是使用“导学案”教学模式的重要环节。“导学案”的编写主要遵循三个统一的原则：第一，厘清教与学之间的关系，实现“教为主导，学为主体”的原则，努力给学生提供更多的自学、自问、自做、自练的方法和机会，使学生真正成为学习的主人，增强对学习的兴趣。第二，指导学生独立思考，实现其掌握知识（学会）与发展能力（会学）的统一，体现启发性原则，使“导学案”成为学生掌握学科知识体系和学科学习方式的载体及教师教学的基本依据。第三，实现个性发展与全面发展的统一。“导学案”的编写应该服从学生身心发展的特点和实际需要，充分考虑和适应不同层次学生的实际能力和知识水平，应具有较大的弹性和适应性。编写“导学案”可从以下四个方面入手。

A. 趣味性。心理学家赞科夫说：“教学法一旦触及学生的情绪和意志领域，触及学生的精神需要，就能发挥高度有效的作用。”“导学案”的设计也要注重知识性与趣味性的有机结合，设计形式要灵活多样，结构要新颖、简明扼要，可提供多种不同类型的资料、信息，图文并茂，紧扣时代脉搏。“导学案”中设计的问题要能够引发学生讨论，促其探寻更多的答案，形成合作学习的氛围；激发学生对学习内容的兴趣，让学生在“趣”中学。例如：在学习“三角形三边关系”时，先引导学生回顾“三角形的定义”，然后让学生动手对三组不同的木条进行试验操作，由此得出“三根木条中任意两条之和都大于第三条时，才能组成三角形”的结论。课后，有个学生告诉我：“通过实践发现问题，太有意思了。我怀着浓厚的兴趣，全身心地投入到实践和自学之中，很快就掌握了三角形三边的关系。”

B. 量力性。“导学案”中设计的问题，既源于课本，又有深化和拓展，照搬照抄和脱离课本都不可取。所设计的问题应该是不深奥复杂而又具有思考性的，应根据学生的潜在水平和表现水平之间的“最近发展区”来设计，达到“让学生跳一跳，摘到果子”的目的。例如：在讲解“完全平方公式 $(a\pm b)^2=a^2\pm 2ab+b^2$”时，可以引导学生对公式进行深化和拓展。让学生完成：

a. $a^2+b^2=(a+b)^2+$________；

b. $a^2+b^2=(a-b)^2+$________；

c. $(a-b)^2=(a+b)^2+$________。

C. 系统性。“导学案”的设计既要有学习的目标、教学活动（知识的剖析、深化、拓展），又要有知识的迁移和运用（梯度训练题、分层作业）。这样，才符合学生的学习规律，才能有效地提高教与学的质量和效果。

D. 换位性。教师在编写“导学案”时，要把自己假想成一名学生。在学习中如何接受新知识，发现新知识，掌握新知识？会遇到什么问题，该如何解决？要设身处地去想一想。只有针对上述问题编写的“导学案”，才具有实用性。

E. 探索性。美国著名教育家布鲁纳认为：“探索是数学教学的生命线。”“导学案”中要设计不同层次的问题，引导学生沿着符合自己思维态势的思路进行探索（而未必是当年数学家发现真理的过程）。要激励学生亲自动手、动脑，由特殊到一般，由具体到抽象，猜测，验证，肯定，否定，直到成功。

②“导学案”设计的基本要素。

一份完备的“导学案”，少不了问题、情境、教法、学法以及媒体使用要素等，这些构成了“导学案”的基本要素。

A. 问题要素。“导学案”本身就是一份引导学生探索的自学提纲。设计问题是引导学生探索求知的重要手段，是“导学案”设计的关键所在。因此，教师要依据教学目标、教学内容和学情，精心构建问题链。问题的设置要有一定的科学性、启发性、趣味性，要通俗、明白而准确，还要具有一定的层次和梯度，要设置坡度，循循善诱，让学生拾级而上。

B. 情境要素。人的活动总是在一定的情境中进行的。创设一定的情境，就能使学生身临其境，进入角色，激起兴趣，调动学习的积极主动性。因此，情境设计是“导学案”的必要工作。教师要依据学习内容，把握学习环节，适时地、恰当地采用多种方式方法。譬如，或介绍背景知识，或用生动的语言，丰富的表情，恰当的体态动作，或借助各种媒体等，创造出浓厚的情境氛围，激发学生的情感，引起学生的共鸣，以取得良好的学习效果。

C. 教法与学法要素。“导学案”不仅需要设计教师如何教，还需要设计学生如何学，只有把教师“教”的最优化与学生“学”的最优化融合在一起，才能保证整个教学过程的最优化。因此，教法与学法设计，便成为

“导学案”设计的重点。教师应从教材和学情出发，在教法与学法的最优化方面动脑筋，下功夫，精心设计“导学案”。

D. 媒体使用要素。广泛而正确地使用多媒体，特别是现代信息技术，可以变枯燥的说教为生动形象的教学活动，激发学生的兴趣，调动其学习的积极性；可以变“少慢差费”的低效性教学为“多快好省”的高效性教学。因此，教师应依据为教学服务的目的，针对学生实际，正确地使用媒体。既注意多样性、综合性，又注意适度性、恰当性，克服盲目性和随意性，以充分发挥媒体的效用。

③“导学案”编写的一般模式。

“导学案”的构成对于各个学科来说是没有固定格式的，不同的学科就有不同的组成。但大体上都具有以下几个组成部分。

A. 确定学习目标。研究教材和教学大纲，以确定学习目标、学习重点、学习难点，深入挖掘知识点的能力价值。切合实际地制订出学习目标是“导学案”教学模式的基础，“导学案”中要体现出明确、具体的学习目标。学习目标应包括智力目标和非智力目标，其中智力目标包括知识目标、能力目标等，非智力目标包括情感目标、心理培养目标等。“导学案”教学模式认为，智力目标是显性目标，应写在“导学案”上，需要学生运用各种学习手段去完成；非智力目标是隐性目标，可以不写在“导学案”上，但需要教师在课堂上适当调节，创造条件使其得到落实。

B. 复习旧知，导学新知。任何新内容的学习总是建立在已有旧知识的基础上。学生往往在进行下一阶段的学习时，已经遗忘了上一阶段的内容，在学习上就存在一定的障碍。这时，教师就应善于找出“障碍点”，并设计一定的内容，为学生的学习铺路搭桥。根据学生的认知规律，通过典型的学习过程将知识点进行拆分、组合，将概念的建立、规律的形成设置成不同层次的系列问题，给学生以明确的学习思路。新课中出现许多新概念，思维跨度大，导致学生建立概念的困难较大。这时需要铺设一些台阶，要梯度小，密度大，体现知识的内在联系，保证思维的流畅，从而减少学生学习中的思维跨度，让学生正确掌握知识，理解概念。在这里，要做到因教学内容、要求不同，按学生的思维模式采取不同的认识方法。比如，在概念教学中，教会学生形成概念的方法：提出问题，观察、分析、比较、抽象概括、演绎，形成概念。在知识规律的教学中，教会学生形成规律的方法：已有概念—逻辑推理—形成规律。在基本理论的教学中，教会学生建立理论的方法：已有概念、规律—提出假设—实验验证—建立基本理论。在问题的设计中要体现学法指导，让学生知道教师怎样教，他们应该怎样学，怎样练，将教师的教法转变为学生的学法。问题的设计还要体现知识所蕴含的能力价值和情感价值，这在“导学案”中往往是不明显的。但教师在编写“导学案”时应该做到心中有数，在课堂教学中，要始终围绕着各种能力的培养和价值的实现组织教学。

C. 再编教材内容，突出重点难点，进行问题讨论。教材内容的再编写不仅仅是教材内容和关键字词的填空与习题的堆积。一般来讲，教材内容的再编写要注意以下几点：a. 根据具体情况对课本内容进行删减、合并、重组；b. 在重、难点处要创设一定的阶梯性问题，以降低所学内容的跨度；c. 要创设一定的问题情境，给学生留出拓展思维的空间；d. 要充分体现教师对所学内容的处理技巧；e. 在所学内容的先后顺序的编排上要符合知识掌握的规律，符合学生的认知规律。教材内容的再编写大有文章可做，而且好的“导学案”绝不是一蹴而就的，必须潜心研究，分类专项突破，以挖掘其潜力。

D. 专题训练，及时巩固。有针对性的训练是“导学案”中的重点内容之一。习题的质量关系到能否使学生用最少的时间掌握最多的内容，能否减轻学生的负担。这一环节在“导学案”中占最大的篇幅，一般来讲，分成以下类型。a. 及时针对性练习。位于某个具体知识点之后，针对性较强，这种练习一般用于课内。b. 课后巩固练习。这种练习一般用于课后巩固复习，也可作为学生的家庭作业。c. 强化训练。一般位于章节之后的综合性练习。d. 挑战练习。一般为学有余力的学生而设。绝不能把“导学案”搞成变相的题海战术，这不但起不到应有的效果，反而会加重学生的负担。“导学案”中的习题设计要有一个出发点——“做是为了不做”，即为了学生做更少的题，掌握更多的知识。

总之，“导学案”主要有三种类型：任务型“导学案”、问题式“导学案”和探究式“导学案”。在编写“导学案”时到底采用何种模式，教师要根据教学内容和实际情况，灵活处理。

④“导学案”编写的注意事项。

“导学案”编写的好坏直接影响到该教学模式的教学效果。在“导学案”的编写过程中应注意以下几个问题。

A. 教师在编写“导学案”时要注意换位思考，要设身处地去想一想，什么样的“导学案”对学生最具有实用性。同时，要防止学生的思维进入死胡同。“导学案”的编写要突出一个“导”字，即在学生学习的过程中，引导他们去发现知识，探求知识。“导学案”的编写不仅仅是教师的事。在“导学案”使用过程中，教师不断得到学生的反馈信息，并进一步对“导学案”中不合理、不科学的地方进行修改完善。而学生在使用“导学案”的过程中，可以针对某个问题展开讨论，发表自己的见解，乃至使教师修改“导学案”。

B. “导学案”的编写要注重归纳总结、思路点拨。“导学案”的编写从学习目标、复习旧知，到自学指导、疑难解释，再到反馈练习、知识迁移等，都要体现“先学后教，问题教学，启思导练，当堂达标”的教学方针，而且要注重归纳总结、思路点拨，使设计出来的“导学案”不只是知识点的罗列。

C. “导学案”的编写要依靠备课组的集体智慧，尽量不要单枪匹马，各自为战。集体讨论才能保证“导学案”的质量。

(3)“导学案”的应用

① 指导学生预习。教师在课前的适当时间将“导学案”发给学生，让学生根据自己的情况提前预习，了解新课的重点、难点及知识点之间的联系，熟悉本节课要学习的内容，以便提高课堂听讲效率，提高学生的自学能力。

② 用于课堂学习。“导学案”中提出了问题，但并没有加以解答，这迫使学生展开思维，积极思考。但有很多问题，由于学生知识和能力的局限性，无法得到解决。因此，学生就会在课堂上有的放矢地去钻研、讨论、听讲，主动动脑、动手、动口。

③ 用于课后复习。将每节课的“导学案”集中在一起，就是一份很好的复习材料。简明扼要，提纲挈领，同时又可帮助学生再现学习情境，有效地起到“温故而知新”的作用。

(4)“导学案”的实施步骤

实施“导学案”的基本程序是自主学习—发现问题—质疑讨论—问题反馈—精讲点拨—达标练习—课堂反馈。

自主学习：上课前，将“导学案”分发到学生手中。上课时，教师用简短导语使学生明确学习目标，运用导语、演示实验或现代教育技术等手段，创设适当情境，激发学生探求新知的欲望，然后，让学生根据“导学案”进行自主学习探究。

发现问题：学生自学过程中必然会发现很多问题。在这一过程中，教师要善于引导，激发学生发现问题的热情，千万不能打击学生的积极性。有些问题可在小组内得到解决。而对于不能解决的问题，其中包括教师在“导学案”中设计的一些问题，不要着急，教师、学生都可做好标记，以便在下一阶段的学习中讨论解决。

质疑讨论：对上一阶段无法解决的问题，可组织学生前、后、左、右四个同学合成一组，进行讨论。讨论中，要求小组的每个成员都要简单地说出自己所做的分析及对问题的看法，供其他同学讨论、批评、切磋、补充。讨论中，教师要容忍一时的无秩序的“混乱”，培养学生之间相互交流的习惯，使他们能够虚心听取同学的不同意见，但时间不宜过长。

问题反馈：对于讨论中不能解决的问题，教师根据反馈信息及时进行课堂调控，甚至可以修改“导学案”，以便进入下一阶段的学习。

精讲点拨：针对经过小组讨论仍然解决不了的问题，进行集中解决。在这个过程中，教师要会“导”，将以上学习阶段中涉及的问题进行分解，增设台阶，减少坡度，重新展示给学生。在这里，教师要起到“画龙点睛”的作用。

达标练习：这是对学习过程的评价，也是对学习程度的检测，还是为了寻找学生学习的薄弱环节以进行补偿教学的重要措施。对于“导学案”中的训练题，教师要督促学生在规定的时间内独立完成。教师要及时了解学生对各个知识点的掌握情况，根据反馈结果，及时矫正并补充补偿性练习题，给学生内化、整理的机会，把知识纳入到个体的认知结构。

课堂反馈：在“导学案”设计的最后，预留一部分空间，让学生对自己所做的自学探索进行反馈。教师引导学生对自己的思维过程进行反思：反思自己是怎样发现和解决问题的；运用了哪些基本的知识方法、技能、技巧；产生了哪些错误，原因何在。

(5)“导学案”教学实例

① 任务型“导学案”。

教师针对本节课教学内容布置学习任务，学生利用教师提供的学习材料，通过自主学习、合作学习完成教学目标。以“反比例函数的图象和性质”（出自人民教育出版社《义务教育教科书·数学》，下同）教学为例，设计如下。

一、学习过程

<table>
<tr><td>学习任务</td><td colspan="2">1. 会用描点法画反比例函数的图象，并发现它的形状。
2. 会根据反比例函数图象，探究反比例函数的性质。
（1）图象的位置；
（2）图象的增减趋势。
3. 会用反比例函数的性质解决一般问题。</td></tr>
<tr><td rowspan="6">学习材料</td><td rowspan="2">画反比例函数的图象</td><td>画图要求：利用画图软件画函数 $y=\frac{2}{x}$ 和 $y=-\frac{2}{x}$。</td></tr>
<tr><td>画图工具（软件）。</td></tr>
<tr><td rowspan="4">探究反比例函数的性质</td><td>探究要求：根据图象归纳出反比例函数的性质：（1）图象的位置；（2）图象的增减趋势。</td></tr>
<tr><td>导学提示：</td></tr>
<tr><td>探究结果：</td></tr>
<tr><td>教师点评：</td></tr>
<tr><td rowspan="2">学习反馈</td><td rowspan="2">Excel 学习平台（借助多媒体优势，当堂检测，当堂反馈，当堂纠错）</td><td>检测练习：</td></tr>
<tr><td>教师纠错：</td></tr>
</table>

二、我的收获

同学归纳：

教师点评：

三、课后任务

1. 利用“导学案”预习下节课内容。

2. 分层作业。

Excel 学习平台检测练习：

（1）函数 $y=\frac{5}{x}$ 的图象在________象限，在每一个象限内，y 随 x 的增大而________。

(2) 若正比例函数 $y=kx$ 的图象经过一、三象限，当 $x>0$ 时，则反比例函数 $y=-\frac{k}{x}$ ($k\neq0$) 的图象在第________象限，且 y 随着 x 的增大而________。

(3) 已知反比例函数 $y=\frac{m-5}{x}$ 的图象在第二、四象限，则 m 的取值范围是________。

(4) 已知 $k<0$，则函数 $y_1=kx$ 与 $y_2=-\frac{k}{x}$ 的图象大致是（　　）

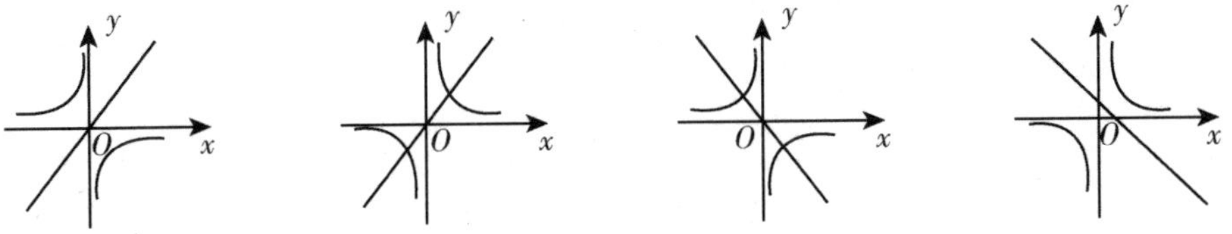

A　　B　　C　　D

(5) 已知 y 与 x 成反比例，且当 $x=1$ 时，$y=2$，那么当 $x=2$ 时，$y=$________。

(6) 已知点 A $(-3, a)$，B $(-2, b)$，C $(4, c)$ 在双曲线 $y=-\frac{2}{x}$ 上，请把 a，b，c 按从小到大的顺序进行排列________。

(7) 已知一次函数 $y=kx-3k$ ($k\neq0$) 的图象与反比例函数 $y=\frac{4}{x}$ 的图象在第一象限交于点 B $(4, n)$，则 $n=$________，$k=$________。

② 问题式“导学案”。

根据教学内容和主要知识点，设计若干问题，让学生在解决问题的同时达到学习新知识的目的。以“图形的平移”的教学为例，设计如下。

一、学习目标

1. 认识平移是现实生活中广泛存在的现象，是现实世界运动变化的形式之一。

2. 通过具体实例认识平移，理解平移的基本内涵，体会平移的两个要素——平移的方向与平移的距离，找出平移前后两个图形的对应元素。

二、学习重点、难点

重点：找出平面图形经平移后与原图形的对应元素。

难点：理解图形平移的含义。

三、学习过程

（一）导读思考

一个图形沿着一定的方向移动一定的距离的运动叫作“图形的________”，它由移动的________和________所决定。

（二）探索新知

问题1：看一看，下图中的$\triangle ABC$是怎样被“搬运”到$\triangle DEF$的？说说这种运动是什么样的，它有何特点？

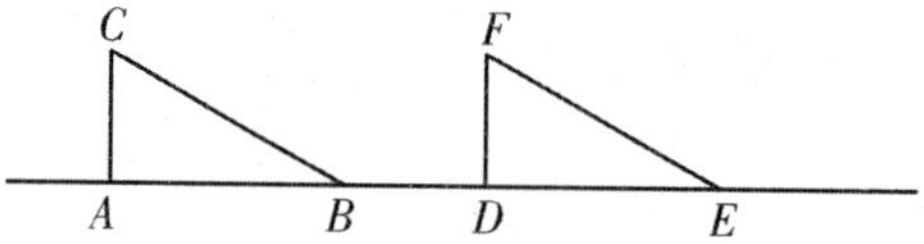

问题2：请你拿出一张纸，对折后剪成两个相同的三角形，将两个三角形重合。试一试，如果其中一个三角形不动，怎样移动另一个三角形，得到下列图形，并体会哪些图形可以通过平移得到。

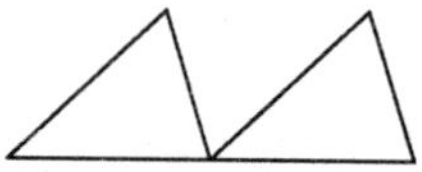
(1)

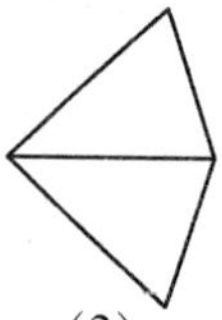
(2)

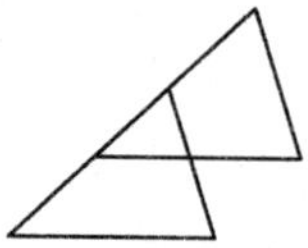
(3)

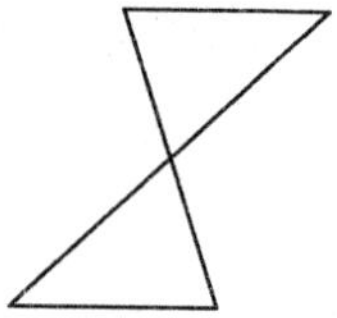
(4)

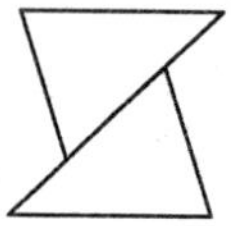
(5)

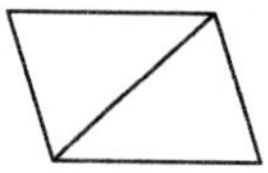
(6)

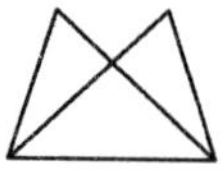
(7)

(8)

问题3：如右图所示，$\triangle ABC$和$\triangle DEF$是两个能够完全重合的三角形，其中一个可由另一个平移得到，指出图中对应元素。

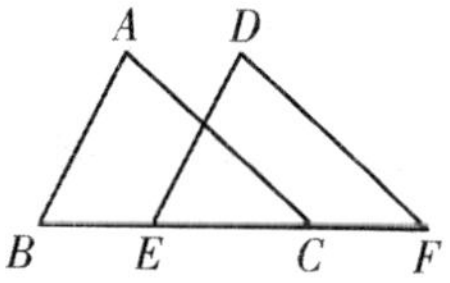

解答：对应点为________，________，________；对应线段为________，________，________；对应角为________，________，________；$\triangle ABC$平移的方向就是由点________到点________

的方向，平移的距离就是线段________的长度。

（三）精练反馈

1. 完成书本第 67～68 页练习 1～3。

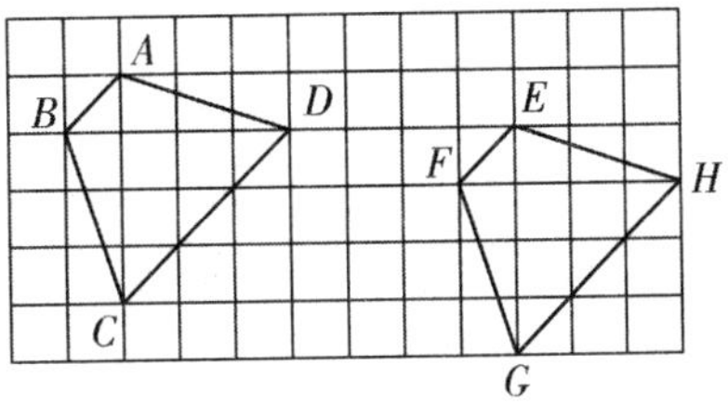

2. 如右图，四边形 $EFGH$ 是由四边形 $ABCD$ 经过平移后得到的，请指出图中的对应点、对应线段和对应角，并说明是怎样平移得到的。

3. 如右图，已知长方形的长是 2cm，宽是 1cm，求阴影部分的面积。

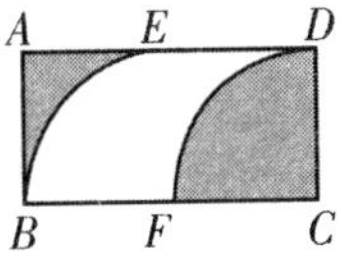

（四）课堂小结

师生共同总结。

（五）课后作业

1. 下面两幅图案是由什么“基本图案”通过平移得到的？

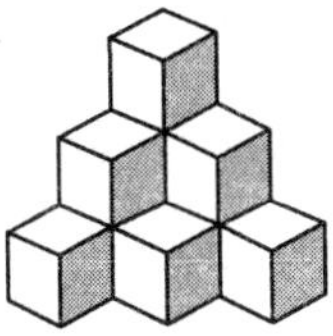

2. 将下图中的六边形平移，一共可以得到多少个与它相同的六边形？

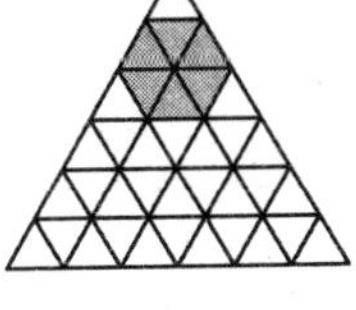

3. 下图是由 12 根火柴组成的 3 个正方形，你能将其中的 3 根火柴平移，使图中出现 7 个正方形吗？

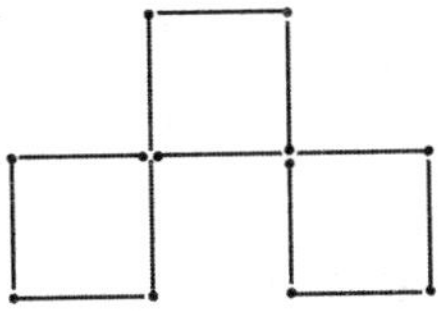

（六）课后反思

---

③ 探究式“导学案”。

学生根据已有知识，通过观察、比较、分析，发现问题的本质。以“乘法公式——两数和的平方”的教学为例，设计如下。

一、学习目标

(1) 通过合作学习、探索，得到完全平方公式，培养认识由一般法则到特殊法则的能力。

(2) 通过体验、观察，发现完全平方公式的结构特征，并能从广义上理解公式中字母的含义。

(3) 初步学会运用完全平方公式进行计算。

二、学习重点、难点

重点：理解完全平方公式，运用公式进行计算。

难点：从广泛意义上理解公式中的字母，判明要计算的代数式是哪两个数的和（差）的平方。

三、学习过程

（一）导读思考

运用多项式与多项式相乘的法则计算。

(1) $(a+3b)^2=$

(2) $(2+x)^2=$

(3) $(2a+x)^2=$

（二）探究新知

1. 探索

(1) 观察上述3题的计算结果，你发现有什么规律？

(2) 等式左边有什么特点？等式右边有什么特点？

(3) 如果用字母 a，b 来表示这个规律，你觉得应该怎样表示？

2. 几何解释

你能用多种形式表示下图（在下一页）的面积吗？

形式一：

形式二：

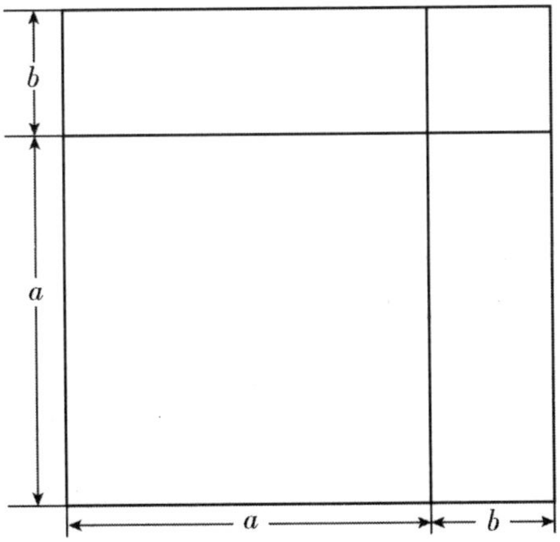

形式一、形式二表示的是同一个图形的面积，所以，得到________。

3. 换元拓展

你想到 $(a-b)^2$ 等于什么了吗？是否可以写成 $[a+(-b)]^2$？$(a-b)^2=$________。

4. 探求规律

顺口溜“前平方，后平方，乘积 2 倍放中央”。

5. 课本第 31 页例 4

计算：(1) $(2a+3b)^2$

解：原式＝（　　）$^2+2\times$______$\times$______＋（　　）$^2=$______

(2) $\left(2a+\frac{b}{2}\right)^2$

解：原式＝（　　）$^2+2\times$______$\times$______＋（　　）$^2=$______

（三）精练反馈

1. 例 5 计算

(1) $(a-b)^2$　　　　(2) $(2x-3y)^2$

解：(1) 原式＝$[a+$（　　）$]^2=$（　　）$^2-2\times$______$\times$______＋（　　）$^2=$______

(2) 原式＝（　　）$^2-2\times$______$\times$______＋（　　）$^2=$______

2. 课本第 32 页练习 1～4

（四）课堂小结

强调完全平方公式的右边（积式）应该是 3 项。

（五）课后作业

课本第 33 页习题 2～5。

（六）课后反思

4.“导学案”教学模式的效果分析

（1）实验的设计

① 实验的性质与对象。

“导学案”教学实验采用同一年级实验班与对照班设计，实验班进行“导学案”教学实验，对照班进行传统教学。尽管很难保证这两个班之间各种情况完全相同，但是，经过“电脑派位”所形成的两个班级，在班级的平均成绩、自学能力、学习热情等方面可以看作是基本相同的。以厦门集美中学初一年级（9）班为实验班（48 人，26 个女生，22 个男生），（8）班为对照班（48 人，25 个女生，23 个男生），由同一名教师执教。实验前，对两个班学生的学习成绩（以小学升初中时的升学成绩为标准）进行比较，对两个班学生的学习热情进行问卷调查，对两个班学生的自学能力进行测试，结果显示实验班和对照班具有较好的同质性。

② 实验的效能指标及实验方法。

A. 学习热情。学习热情是学习兴趣、学习成就感、好奇心所呈现的情感驱向，学习动机的水平主要是通过学习热情和学习行为而外显的。学习动机水平与学习热情成正比关系，同时，学习热情也与学业成绩成正比关系。本实验采用“FAT”量表中的相关部分对学生的学习热情进行测试，具体见《附表 1：学生学习热情自我评价问卷调查表》（见本节附录）。

B. 自学能力。我国学者卢仲衡认为，自学能力是以独立性为核心，由多种较优的心理机能参与的主动掌握知识、获取技能的多层次的综合能力。包括主动阅读能力、独立思考能力、自我控制能力、概括能力、创新思维能力等。本实验所用自学能力的评定分值，见《附表 2：评定学生自学能力提高与否测试题》（见本节附录）。

a. 主动阅读能力。教师向学生介绍将要学习的新知识点，并根据教学大纲和教学目标编印一套测试题，让学生在 30 分钟的时间内阅读教材，完成测试题，最后采用百分制计分。

b. 独立思考能力。教师让学生在规定时间内（5 分钟左右）针对阅读过的材料，独立完成一些需“动一动脑筋”才能完成的问题，采用百分制计分。

c. 自我控制能力。教师在学生自学过程中，根据学生的一贯表现打分数，采用百分制计分。

d. 概括能力。教师让学生在 5 分钟左右的时间内，将自己学习这节阅读材料的主要收获概括出来，采用百分制计分。

e. 创新思维能力。在阅读材料的最后加入 2～3 道创新题，让学生在 5 分钟左右的时间内完成，采用百分制计分。

C. 学业成绩。它是教学效果的最外显指标，也是本实验的主要效能指标之一。本实验以 2007 年 9 月至 2009 年 9 月厦门市集美中学实验班和对照班的数学统考分数为学业成绩的数值依据。

（2）实验过程

实验分 3 个阶段。第一阶段是前测。对实验班和对照班进行主体意识问卷调查和自学能力的测试，比较分析两个班的学习成绩。第二阶段是实验干预。对实验班进行“导学案”教学实验，为期两年。第三阶段是后测。实验干预结束后，实验班与对照班的学生同时参加期末数学统考，并再次进行关于学习热情的问卷调查和自学能力测试。

（3）实验结果

经过两个学年的教学实验发现，实验班与对照班在诸多方面产生了较明显的差异。实验班学生有更强的主体意识和独立解决问题的能力，学习热情明显高涨，学习的自觉性和学习兴趣明显提高，自学能力明显增强，精神面貌朝着积极的方向变化。

① 实验班“FAT”测量中有关学习热情的前测、后测指标的比较。

通过统计发现，实验班学生有关学习热情的变化的数值指标中，前测、后测指标有显著的差异，应用 SPSS 软件分析系统进行数据处理和统计分析，得到相关样本的 t 值检验的结果见表 1。

表 1　实验班学生学习热情前测、后测数值指标比较

	N	平均数	标准差	R	t 值	P
前测	48	55.46	4.146	0.104	3.223	0.012
后测	48	60.28	4.234			

表1中关于学习热情的前测和后测指标比较检验的结果表明，在“导学案”教学模式下，实验班学生学习的热情发生了显著的积极变化。

② 实验班与对照班数学期末统考成绩的差异比较。

表2是实验期间实验班与对照班在全市统考中数学成绩的差异比较。

表2 考试情况

班级	初一入学摸底考试			初一期末考试			初二期末考试		
	平均分	及格率	优秀率	平均分	及格率	优秀率	平均分	及格率	优秀率
实验班	71.9	82%	28%	73.4	86%	30%	76.3	84%	30%
对照班	72.1	80.4%	29.6%	71.4	80.4%	27.8%	70.6	75.5%	25.9%

表3 其他综合素质考评情况

班级	初中数学竞赛	创新大赛	网页制作大赛	数学小论文评比	数学知识竞赛
实验班	市一等奖1名 市二等奖1名 市三等奖4名	市二等奖2名 市三等奖3名	市一等奖1名 市二等奖2名 市三等奖5名	10人优秀	团体总分年段第一名
对照班	市二等奖1名 市三等奖2名	0	0	2人优秀	团体总分年段第五名

从开始基本平行分班到两年后，经学年考试和各项综合素质考评发现，实验班数学成绩3项指标（平均分、及格率、优秀率）都得到明显提高（详见表2）。更值得一提的是，在数学竞赛、创新大赛、数学小论文评比、数学知识竞赛及网页制作大赛中，实验班取得了喜人的成绩（详见表3）。这也从另一个侧面说明了“导学案”教学模式对于提高学生的学习兴趣、学习成绩，培养学生的自主学习能力、探索能力、实践能力具有重要意义。

③ 实验班与对照班学生自学能力测试结果差异比较。

表 4 实验班学生与对照班学生自学能力差异比较

班级	实验班				对照班			
等级 项目	强/人次（%）	较强/人次（%）	一般/人次（%）	差/人次（%）	强/人次（%）	较强/人次（%）	一般/人次（%）	差/人次（%）
主动阅读能力	30	51	11	8	19	26	42	13
独立思考能力	24	40	24	12	12	19	30	39
自我控制能力	23	41	23	23	14	18	34	34
概括能力	28	34	20	18	14	22	31	33
创新思维能力	25	40	18	17	23	30	26	21

利用表 4 的数据进一步研究，经过卡方检验（一种假设检验方法）发现，在自主阅读能力上，实验班与对照班有显著差异，χ^2值为 29.909；在独立思考能力上，实验班与对照班有显著差异，χ^2值为 26.435；在自我控制能力上，实验班与对照班有显著差异，χ^2值为 14.959；在概括能力上，实验班与对照班有显著差异，χ^2值为 14.022；在创新思维能力上，实验班与对照班没有显著差异。综上所述，实验班与对照班相比，学生的自学能力差异明显。这表明“导学案”教学模式对培养学生的自学能力有显著的效果。

（4）实验的结果分析

① 研究结果支持本研究的假设。

对实验结果中数据的分析表明，“导学案”教学模式的实验结果支持本研究的假设。“导学案”教学模式能明显地激发学生的学习热情，提高学生的学业成绩和自学能力。

② 实验班学生学习热情的变化及分析。

从表 1 可以看出，实验班学生学习热情前测与后测的数值指标有明显差异。这表明，经过两年的实验教学后，实验班学生的学习热情发生了显著的积极变化。学习热情的显著变化表明学习动力水平的显著变化。沈德立先生认为，非智力因素的动力构成十分复杂，概括起来主要有两类：一类为内驱力，它是由有机体内部或外部刺激所唤起并指向一定目标的某种内在倾向，这种倾向一般是可以意识到的。另一类为情动力，它是伴随人的需要是否得到满足的体验而激起的某种内在倾向，这种倾向既可被意识到（如对工作的热情），也可能是无意识的（如某些习惯）。值得注意的是，无论是内驱力还是情动力，它们不仅是驱动人们不断行动的内在力量，而且具有始动作用。当原始的诱因转化为心理需求，并与一定的目标相结合时，就会产生为达到目标而努力的行为动机，从而激励人们积极行动。不论是外部诱因还是内部诱因，经过进一步内化，成为生理或心理的需要后，都可能成为驱动人们行为发生的始动力量。根据马斯洛的需求层次理论可知，人在生存和安全的需要得到满足后，就会产生更高层次的心理需求。心理学研究表明，中学生有很强烈的“社交需要”，即爱与归属的需要。他们希望得到爱，并希望能爱他人，他们渴望和自己的同龄人进行积极地交往，并通过交往积极地认识自己。他们从书籍、电影、电视中汲取知识，找到自己的榜样和理想，并以他们为目标，约束自己的行为。他们变得更加不依赖成年人，因为他们产生了强烈的“尊重的需要”。“导学案”教学模式正适应了学生在这些方面的心理需求。在“课堂讨论”教学环节中，每位学生都有与他人交流的机会，并且教师也参与其中。这些师生互动、生生互动活动，不仅满足了他们“社交的需要”，也满足了他们“尊重的需要”。尤其在这一教学模式里，教师从讲台走向幕后，起导学作用；学生在整个学习过程中，主动参与，全员参与，全程参与，真正成了学习的主人。

③ 实验班和对照班学生学业成绩的差异分析。

从表 2 可以看出，实验班和对照班学生在学业成绩诸方面都存在明显差异，这表明，“导学案”教学模式有利于学生学习技能和学习效率的提高。林崇德等人认为，影响心智技能的因素很多，其中重要的有实践模式的确定与选择、知识、教学等。在过去相当长的一段时间里，对心智技能的教学是欠缺的，这直接导致教学效率的低下，一种突出的表现就是学生不会学习。这也表明心智的形成不是自发的，而是在一定的教学条件下获得的。教学对于心智技能的形成具有直接的作用，有效的教学可以使学习者形成有效的心智技能，使学生学会学习，促使学生成为自主而有能力的学习者。本实验的教学方式，注重对学生的学习技能的形成进行积极引导。“导学案”教学模式各个活动环节的开展，使学生的思维得到活跃，并从中学会了提出问题，思考问题，回答问题，有利于学生学习他人考虑问题的方式和学习的方法，有利于学生良好学习习惯和学习技能的形成，从而使学生根据自身特点改善学习方法，形成有效的学习策略和学习方式，取得良好的学习效果。

④ 实验班与对照班学生自学能力考查结果差异分析。

“导学案”教学模式能培养学生的自学能力和阅读习惯。一般课本“步子”太大，学生看不懂，即使看懂了，也很吃力。尤其是初一年级的学生，还没有自学的习惯，缺乏自学的能力。而“导学案”设计的梯度、习题的“步子”是适合学生自己看和做的，因此学生能自学。这样就慢慢培养了学生的自学兴趣和习惯以及自学能力。“导学案”教学模式下，教师对学生在“据案自学，尝试解疑，课堂讨论”过程中做出的努力，无论大小，都给予积极评价，对学生寄予很高的厚望，使学生在愉悦的气氛中提高自己的学习能力。佩拉德赖的实验研究也证实了这一点：教师的期望能影响学生的阅读成绩。

5. 总结与反思

（1）实施“导学案”教学模式的主要成果

①“导学案”教学实验的效果表明，“导学案”教学模式能够有效地影响学生的学习热情，提高学生的学业成绩，培养学生的自学能力，在中学数学教学中是可行的。

②“导学案”教学模式的优势。

A.“导学案”教学模式突出了以学生为中心的主体地位。“导学案”教学模式摒弃了“教师讲，学生听；教师写，学生抄；教师考，学生背”这种教师“满堂灌”，学生“满堂装”的知识单向传递的应试教育模式，通过学案给学生提供更多的自学、自说、自练的方法和机会，充分尊重每个学生的主体地位和主体人格，有利于学生创造性思维的发挥与施展。从学生参与状态看，学生学习积极性高，课堂气氛活跃；从学生参与广度看，人人参与学习，没有被遗忘的角落；从学生参与方式看，有独立学习，有同桌相议，有小组探究，有全班讨论，符合学生的年龄特点和心理需要。

B.“导学案”教学模式使学生学习的时间和空间在量上得到了保证。

英国教育家斯宾塞提出，教学的一个秘诀就是要“知道怎样聪明地花费时间”。每节课教师讲授的时间一般不超过 1/3，师生共同活动的时间约占 1/3，学生独立活动的时间不少于 1/3，使课堂真正回归主体。学生能自己学会的，教师绝不越俎代庖。“导学案”教学模式实施过程中，每一个需要学生动眼、动脑、动手、动口的环节，教师都千方百计地调动全体学生参与，尽量避免被少数几个人包揽。

C. “导学案”教学模式提高了教学效率。“导学案”教学模式优化了课堂教学结构，创设了一种宽松、愉悦、互动式的课堂教学氛围，大大提高了学生的学习兴趣。学生在课堂教学中乐学，易学，活学，会学。同时，通过师生的课堂教学双边活动，加深了师生情谊，消除了师生间的心理隔阂，打破了传统的“师道尊严”，有效地抑制了数学教学过程中极易出现的两极分化现象，使每位学生都学有所得，不断感受成功，从而大幅度地提高了教学质量。

D. “导学案”教学模式培养了学生的学习能力。“导学案”教学模式摆正了知识与能力的关系，充分认识到知识是学生能力发展的基础，而不是学习的最终目的。通过使知识点问题化、层次化，使教法讨论化、示范化，使技能训练方法化、自主化，帮助学生找到一种适合自身的学习方法，调整和克服了学生学习中的不良心理，实现了“以导促学，培养学生学会学习”的教学目的。

总之，经过两年多的“导学案”教学模式的实践与探索，我校形成了师生教学相长的良性循环，教与学的积极性空前高涨，教学效益有了很大提高，各个层次的学生都有了不同程度的发展。实践证明，“导学案”教学模式是科学的，是成功的，是富有创新教育气息和生命力的。

（2）实施“导学案”教学模式的几点体会

① 要敢于“破”和“立”。

实施“导学案”教学模式就是要打破旧的教学模式，创立“以学生为中心”的新模式。所以，必须摒弃认为学生自学不如教师讲得系统、翔实、快捷，唯恐有些课本知识得不到落实，影响教学效果等的旧思想。事实证明，以学生自学为主时，学习效果可能一时不如意，但随着时间的推移，随着学生自学能力的提高，学生的学习效果会越来越好。实施“导学案”教学模式培养学生的自学能力，是一个长期、系统的工程，并非三两日就能见成效的。在实施过程中，学生也会表现出对自学不积极的态度。

面对这种情况，教师切不可心灰意冷，重蹈传统教学的覆辙。只要教师按照学生的心理发展规律，设计出科学、合理的“导学案”，再加以辅导，并持之以恒，学生定能养成良好的自学习惯。“学”与“导”便会形成珠联璧合、水到渠成之势，体现自身优势，发挥出无与伦比的效应。但是，决不能把“导学案”看作一种让教师省力的方法。如果教师在课堂上采取“放羊式”教学方式，该讲的不讲，该引导的也放给学生去“死啃”，结果就会出现很多漏洞，不仅让学生学不会，或“生米做成了夹生饭”，还会让学生失去学习的信心。“导学案”教学模式不能让教师省力，恰恰相反，教师的任务要比常规教学更为艰巨。它需要教师花更大的精力，付出更艰辛的劳动，才有可能取得理想的效果。由此可见，“导学案”教学模式的实施不是为了轻松教师，而是为了解放学生。

② 要做教改的有心人。

“导学案”教学模式的首要任务就是编写好“导学案”。“导学案”是指导学生学习的方案。教师不但要做到和学生充分沟通，还必须在教师之间取长补短，特别要虚心向老教师学习，学习好的方法，依靠集体的力量及时补充“导学案”，避免把“导学案”等同于“习题讲义”。在“导学案”中要体现出知识的发生过程，多给学生学法指导。从实验过程中，我深深地体会到，“导学案”教学模式确实是中学数学教学中较理想的模式。但它必须和其他教学模式相互补充，才能收到良好的效果，如王永、余文森的“指导—自主学习”教学模式、卢仲衡的“自学辅导”教学模式等。这需要我们在平日的学习、工作中，去仔细琢磨，研究。

③ 要在实验中不断拓展和深化。

A. “导学”范围的拓展。“导学”是教师引导学生学习，但这种“导学”也不应是教师的独角戏，它同时存在于学生之间。学生之间是有差异的，其差异是可以利用的。学生不仅是学习的主体，在一定的条件下，也可以成为“教”的主体。因此，为了达到“导”与“学”的最佳效果，学生间的合作释疑有待于进一步研究。例如：如何在学生间成立学习互助小组？如何利用计算机交互性好、传输快等特点把问题上传到“BBS 论坛”等，实现学生之间的互“导”、互“学”？

B. “导学案”内容的拓展。目前，“导学案”的资源主要靠教材、学案、黑板、粉笔、教师的一张嘴，形式较单一，内容较单调，难以激发学生的学习兴趣，无法调动学生的学习积极性，达不到高效的学习效果。因此，我们要借助现代化的教学设备——“四机一幕”、多媒体等，来弥补“导学案”的不足，增大“导学案”的容量，并利用多媒体带来的多重感官刺激提高学生的接受度。据心理学研究表明，人擅长形象思维。所以，要充分利用多媒体教学，制作课件学案、电子学案等，提高“导学案”的质量。

C. “导学”模式的拓展。本次开展“导学案”教改实验，主要以“导学案”为载体进行导学。实际上，在信息技术高速发展的今天，“导学”的模式可以进一步得到挖掘和拓展，如利用计算机资源库、电子课本、网络资源等多种形式进行“导学”。

D. 课题研究的拓展和深化。“导学案”教学模式是在教改中探索出的一条新路，由于实验的时间仓促，不可能十分完善，难免存在一定的不足，但它的研究方向是对的，前景很广阔。只要我们不断地认真探索，就一定能挖掘出“导学案”教学模式的巨大潜力，使之收效越来越明显。如“导学案”教学模式和网络教学的有机结合就是值得探讨的课题。

（3）实施“导学案”教学模式存在的主要问题及努力的方向

① 本实验属于课堂教学改革的探索性实验，存在着很多不足之处。

例如：A. 实验的时间比较短。如关于实施“导学案”教学模式对学生数学成绩的影响，只做了等组实验，没有时间进行轮组实验，如果能再做轮组实验，可提高实验的可信度。B. 实验的范围比较窄，只在厦门市集美中学进行了课堂教学实验，如能多在其他中学进行，可信度会更高。C. 没有更好地研究因材施教，没有针对教学策略对不同类型学生的影响做深入的实验研究。

② 来自部分学生家长的反抗性。

由于人们已经习惯于传统教学模式“教师讲，学生听”的被动学习方式，部分家长对这种“导学案”的教学改革不理解。个别家长认为这是教师在把自己应做的工作转嫁给学生，因而产生了不满情绪，甚至批评学校和教师。这时，实验教师应以多种方式向家长做出合情合理的解释，耐心而诚挚地与他们交流，取得他们的信任和理解，最终做到家、校积极配合，共同监督学生主动参与学习。

③ 来自学生的不适应性。

“导学案”教学模式对师生来说，都存在新的适应性。对学生来说，由于还没有养成自学的习惯，实验刚开始时，感到不安心，不会自学，在阅读“学案”的过程中抓不住重点，确定不了自己的“个体疑点”，课下也不会查阅参考书，所以，在讨论时“没话可说”，产生新的不适应。这时，教师应教给学生阅读的方法，深入到学生中做个别化的督促与指导，尤其在“据案自学，相互讨论”时，要对学生进行及时的监控和有效的指导。

④ 来自实验的不彻底性。

“导学案”教学模式遵循“先学后教，超前断后”的教学原则，强调学生的自主学习、合作学习和探究学习。在实验过程中，如果教师不改变教育观点，“穿新鞋走老路”，那么实验不但不能取得好的效果，而且极易产生一些新的问题，如学生两极分化严重，产生大量的学困生，因不会学而失去信心等。

附　录

附表 1：学生学习热情自我评价问卷调查表

学习是一种积极主动的、有目标的活动。教育学和心理学的研究都表明，兴趣可以提高学习的积极性，使学生愿意在某些方面多下功夫，得到更多的知识。学习的动机、学习兴趣能直接转化为与学习热情有关的心理因素。只要同学们有能力克服消极信念，建立对自我和学习的积极信念，培养学习兴趣，必定能激发出良好的学习热情。为了更好地了解同学们对数学学习的热情，特制订以下调查表，请大家如实填写。本调查不影响同学们的成绩。（满分 100 分，每题 10 分，填答案 A、B、C 分别得 10 分、0 分、5 分）

1. 你是否认为自己就是学习的主人？

A. 是　　B. 否　　C. 不知道

2. 学习数学更多是为了考试。

A. 是　　B. 否　　C. 不知道

3. 数学很重要，将来不管干什么工作都用得着。

A. 是　　B. 否　　C. 不知道

4. 你能否主动积极地学习数学？

A. 是　　B. 否　　C. 不知道

5. 你关心数学学科方面的新发现吗？

A. 是　　B. 否　　C. 不知道

6. 如有数学兴趣小组，你参加吗？

A. 是　　B. 否　　C. 不知道

7. 你爱看数学课外书及有关数学知识的节目吗？

A. 是　　B. 否　　C. 不知道

8. 你会写数学小论文吗？

A. 是　　B. 否　　C. 不知道

9. 你是否曾对数学教学提出建议？

A. 是　　B. 否　　C. 不知道

10. 你是否经常运用所学的数学知识去解决生活中的问题？

A. 是　　B. 否　　C. 不知道

附表2：评定学生自学能力提高与否测试题

“反比例函数的图象和性质”自学测试题

（45分钟）

阅读能力测试（时间：30分钟，满分：100分）

1. 利用画函数图象的方法，自己归纳出画反比例函数图象的步骤，并发现它的形状。（25分）

2. 根据反比例函数图象，自己归纳出反比例函数的性质：（1）图象的位置；（2）图象的增减趋势。（25分）

3. 画函数 $y=\frac{2}{x}$ 和 $y=-\frac{2}{x}$ 的图象，并说出它们的性质。（50分）

独立思考能力测试（时间：5分钟，满分：100分）

4. 完成下列练习。

（1）函数 $y=\frac{5}{x}$ 的图象在________象限，在每一个象限内，y 随 x 的增大而________。

（2）若正比例函数 $y=kx$（$k\neq0$）的图象经过一、三象限，当 $x>0$ 时，则反比例函数 $y=-\frac{k}{x}$（$k\neq0$）的图象在第________象限，且 y 随着 x 的增大而________。

(3) 已知反比例函数 $y=\frac{m-5}{x}$ 的图象在第二、四象限，则 m 的取值范围是________。

(4) 已知 $k<0$，则函数 $y_1=kx$ 与 $y_2=-\frac{k}{x}$ 的图象大致是（　　）

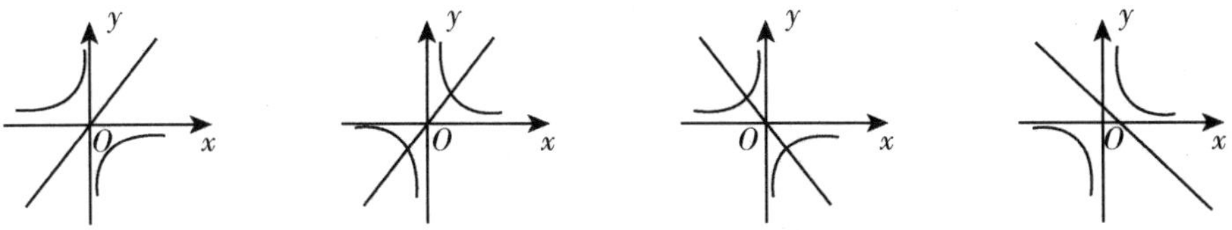

A　　　B　　　C　　　D

创新思维能力测试（时间：5 分钟，满分：100 分）

5. 完成下列各题。

(1) 已知 y 与 x 成反比例，且当 $x=1$ 时，$y=2$，那么，当 $x=2$ 时，$y=$________。

(2) 已知点 A（-3，a），B（-2，b），C（4，c）在双曲线 $y=-\frac{2}{x}$ 上，请把 a，b，c 按从小到大的顺序进行排列________。

(3) 已知一次函数 $y=kx-3k$（$k\neq0$）的图象与反比例函数 $y=\frac{4}{x}$ 的图象在第一象限交于点 B（4，n），则 $n=$________，$k=$________。

概括能力测试（时间：5 分钟，满分：100 分）

6. 通过自学，本节课你的主要收获是什么？

(1) 画反比例函数的图象。(30 分)

(2) 反比例函数的图象与性质。(30 分)

(3) 用反比例函数的性质解决一般问题。(40 分)

第三节　初中生数学学习中认知错误分析及教学对策研究

学习过程中，错误的出现是不可避免的。因此，对错误进行系统分析是非常重要的。下面以三角函数的教学为例，通过测试和访谈，分析研究初中生在三角函数学习中出现错误的类型、成因，有助于教师在今后教学中正确诊断并对症下药，帮助学生意识到自己认知过程中存在的缺陷，防止重犯错误，自觉地控制与调节，从而提高自我纠错能力。

1. 研究的目的和内容

本研究将采用测试和访谈的形式，对福建省厦门集美中学 100 名正在学习三角函数的初二学生进行测试和访谈，并对结果进行分析，探讨如下问题：①在团体测试的基础上，通过解题记录分析、事后访谈等方法分析学生在三角函数学习过程中容易出现的错误，确定初中生在三角函数学习过程中认知错误的类型；②分别从 3 类学生（学优生、中等生、学困生）和男、女生的角度探讨初中生在三角函数学习过程中认知错误的差异；③通过对典型问题和典型学生的个案分析，研究初中生在三角函数学习过程中的认知规律，初步探讨学生出现各类错误的原因。根据研究结果及发现，提出纠正认知错误的相应教学对策，为广大教师今后的教学提供参考。

2. 研究对象与方法

（1）研究对象

选取厦门集美中学初二年级两个班级共 100 名学生作为研究对象，发放测试卷 100 份，回收测试卷 100 份，有效回收率 100%，进行典型访谈 10 人次，并做好记录。

① 数学学优生：以 3 次考试成绩的平均分为依据，成绩在 85 分以上的学生；

② 数学中等生：以 3 次考试成绩的平均分为依据，成绩在 60 分至 85 分之间的学生；

③ 数学学困生：以 3 次考试成绩的平均分为依据，成绩在 60 分以下的学生。

表 1　研究对象基本构成情况

分类	学优生	中等生	学困生	总计
男生	13	24	10	47
女生	15	30	8	53
合计	28	54	18	100

（2）测试材料

为了定量地反映研究对象在三角函数学习过程中认知错误的情况，我自行设计编制了《三角函数错误认知测试题》。问题设计参考了学生的作业和练习，由学生错误较多或容易出错的问题改编而成，并充分考虑到初二年级学生的知识状况和思维水平。同时，因为本研究的目的是重点测试学生的认知错误，所以在各个问题中还预设了障碍。试题编制好后征求了多位经验丰富的初中数学教师的意见，结合他们的建议做了修改调整。具体的问题设计细目见表 2。

表 2 《三角函数错误认知测试题》问题设计细目表

题号	分值	知识要素	程序/方法要素	障碍设置
1	10	锐角三角函数的定义	直接利用定义解题	对三角函数定义的理解
2	10	三角函数间的转化及增减性	利用三角函数的性质解题	利用三角函数的性质进行大小比较
3	10	特殊角的三角函数值	直接用特殊角的三角函数值解题	特殊角的三角函数值的记忆及应用
4	10	坡度的概念	利用坡度概念解题	对坡度概念的理解
5	10	特殊角的三角函数值及有关计算	特殊角三角函数值的计算	计算过程及其格式
6	10	锐角三角函数定义的应用	三角函数定义的应用	对比值的理解
7	10	三角函数的应用	数学应用题的解法	应用问题转化为数学问题
8	10	三角函数的应用及应用题的解法	数学应用题的解法	对数学模型的理解
9	10	利用三角函数的有关知识解决实际问题	做辅助线的方法	做辅助线寻找解题的思路
10	10	三角函数的应用及数学模型的建立	数学建模	分析问题、解决问题的能力

(3) 研究方法

① 测试、访谈法。

A. 试卷测试。出《三角函数错误认知测试题》一份，共 10 个题目，记 100 分。其中，填空 4 题，解答 6 题，归纳学生的主要错误类型。

B. 访谈典型。访谈 6 名有代表性的学生，了解学生产生认知错误的主要类型、原因，从学优生、中等生、学困生和男女生的角度探讨初中生在三角函数学习过程中认知错误的差异。

② 统计分析法。

用 SPSS13.0（一种统计分析软件）对测试的数据进行统计与分析。

3. 结果与分析

(1) 测试分数描述性统计

本研究采用 SPSS13.0 对测试成绩总分进行分析处理。由统计分析可知，100 名学生的平均得分为 72 分，学生的得分情况见表 3。

表 3　学生测试成绩总分描述性统计

错误类型	最低分	最高分	平均分	标准差
所有学生成绩	11	100	72.36	21.18
男生	11	100	70.11	22.16
女生	21	95	74.35	20.35
学优生	74	100	84.11	21.58
中等生	62	83	72.98	15.01
学困生	11	64	52.21	15.57

(2) 总体错误类型分析

我综合分析试卷和事后访谈的结果，对学生解题的总体错误类型进行了统计，结果见表 4。表 4 中的数据表示各类学生出现错误的次数。

表 4　学生出现不同类型错误的数量

错误类型	粗心造成的错误	知识性错误	思维性错误	心理性错误
所有学生成绩	54	76	43	24
男生	31	35	18	15
女生	23	41	25	9
学优生	18	4	5	5
中等生	32	34	28	17
学困生	4	38	10	2

（3）不同性别学生的认知错误比较

表 5　认知错误的性别差异检验结果

性别	人数	出现错误平均值	标准差	t
男	47	2.11 次/人	22.16	0.486
女	53	1.87 次/人	20.35	

* 显著性水平 $p>0.05$

统计结果表明：女生的总分平均分略高于男生，人均出现错误平均值略低于男生，而标准差，男生略高于女生。说明女生总体成绩较好，成绩也较稳定，但男生与女生在三角函数认知中产生的错误并无显著差异。

（4）3 类学生出现各类型错误的卡方检验

表 6　3 类学生出现各类型错误的卡方检验

学生类型	F 值	P 值
3 类学生成绩	22.674	0.000

* 显著性水平 $P<0.05$

3 类学生出现各类型错误的卡方检验（见表 6）结果清楚地表明，3 类学生出现各类型错误的情况有显著差异。

表7　3类学生出现各类型错误的两两差异的卡方检验

学生类型	学生类型	MD	P值
学优生	中等生	24.29	0.000
学优生	学困生	37.65	0.000
中等生	学困生	13.37	0.005

＊显著性水平 $P<0.05$

两两比较的结果（见表7）显示，学优生与中等生、学优生与学困生、中等生与学困生之间出现各类型错误的情况有显著差异。

4. 结论与建议

（1）结论

① 初中生在三角函数学习中出现错误的分类。

我在初步分析样卷的基础上，与经验丰富的中学数学教师一起分析了若干样卷，并对学生进行了事后访谈。最终发现，初中生在三角函数学习中出现的错误主要分为4类：粗心造成的错误、知识性错误、思维性错误、心理性错误。各类错误的界定如表8所示。

表8　三角函数学习中的错误界定

错误类型	各类型具体表现
审题性错误	审题时草率马虎，不注意题目中的关键性词句，误解题意；对题示和信息挖掘不够或处理信息时出现误解现象；读不懂题意。
知识性错误	基础知识欠缺，如公式或概念未掌握；知识停留在课本知识的圈子里，不能升华为有效知识；综合运用知识的能力差。
思维性错误	缺乏解题必备的思路方法与技巧，导致类推错误；缺乏联想，不能做到举一反三，触类旁通；难以识别复杂问题情境中的隐含关系。
心理性错误	怯场心理，干扰过多；暗示作用的干扰；过于自信，盲目冲动；答完题后，不重视对题目的检查；不按要求答题，导致不必要的错误出现。

② 初中生在三角函数学习中出现错误的原因。

初中生在三角函数学习中的认知错误受多种因素影响，主要有原有认知的干扰，未能及时纠错，缺乏抽象概括能力，缺乏数学思想的指导，忽视知识间的联系，三角函数教学不合理等。研究中我们发现，不同的问题，由于其问题结构设置等特点，学生在解答时往往出现不同类型的错误。知识障碍是导致学生出现错误的原因之一。知识障碍可能是由于学生不具备所需的相关知识所致，也可能是由于知识储存方式不当或知识掌握的质量较差，而导致知识难于提取。是否存在知识障碍是学优生和学困生的主要区别之一。在学习陈述性知识时，学困生容易出现知识性错误，而学优生容易出现心理性错误，中等生容易出现思维性错误；在程序性知识的理解上，学困生和中等生易出现思维性错误和知识性错误。在过程性知识的体验上，多数学生缺少反思。

③ 男、女生在三角函数认知错误上无显著差异。

女生在本次测试中的平均分略高于男生，但男生与女生在三角函数认知错误上无显著差异。从错误类型的角度看，男生比女生更容易出现审题性错误，女生比男生更容易出现思维性错误和心理性错误。这可能与男生较理性，抽象思维较发达，而女生更加细心，思维更注重条理有关。

④ 3 类学生在三角函数认知错误上有显著差异。

据统计，学优生、中等生、学困生在三角函数学习中出现认知错误的数量差别大。从错误类型的角度分析，学优生比中等生更易犯心理性错误，而中等生更易犯审题性错误、思维性错误、知识性错误。但两类学生之间的差异不是非常明显。中等生留白的问题远远多于学优生，通过访谈发现，造成这一现象的原因主要有两点：一是中等生见到题日“无从下手”的情况较多，二是不少中等生反映做题时间不够，来不及做后面的题。这说明学优生理解问题、分析问题及解决问题的能力比中等生强，解题的速度也比中等生快。针对学困生的分析发现，学困生主要犯知识性错误。学困生出现审题性错误的次数与学优生、中等生相近，其他错误的出现次数反而比学优生、学困生相对有所减少，但这种减少并不意味着学困生在三角函数认知过程中能力强，而是与非常多的题目留白有关。

（2）建议

① 三角函数在初中数学教学中占有重要地位，而且学生容易犯错，教师应重视针对学生的防错、纠错教学。

② 教师应帮助学生形成对待学习错误的积极态度，让学生认识到，犯错是不可避免的，是数学学习的必经阶段，但在学习过程中必须重视错误，认识自己犯错的原因，在不断纠错中培养自身的反思习惯。

③ 我提出了教师对待学生在学习中出现错误应持的 5 种基本态度：尊重学生的见解，帮助学生分析出现错误的原因，要有足够的耐心，要懂得学生的心理，帮助学生形成对待学习错误的积极态度。

④ 针对三角函数的学习错误，教师应该从学生的角度出发去分析错误，可从以下 6 个方面帮助学生克服三角函数学习中的错误：重视学生原有知识的积累，帮助学生掌握三角函数概念的本质，促进三角函数与其他知识的网络建构，重视三角函数数学思想方法的教学，注重培养学生的纠错、防错能力，培养学生的学习反思能力。

第三章 指导自主学习教法探索

第一节 指导自主学习中教师的作用

在指导自主学习过程中，教师应该以何种角色出现？在教与学的过程中起什么作用？

1. 教师角色的转变

在指导自主学习过程中，教师要主动放下权威，放下师长的架子，以一个普通参与者和学习者的身份与学生共同学习和探讨，共同探讨教学和学习中的各种问题，使学生勇于挑战课本，挑战教师，挑战权威。要培养学生的创新意识，形成创新能力。

2. 积极调动、激发学生的学习热情

在培养学生自主学习能力的过程中，教师要意识到，教师是外因，要通过学生这个内因才能起作用。教师要想方设法调动起全体学生的学习主动性和积极性才能收到良好的效果。

孔子曾说过："知之者不如好之者，好之者不如乐之者。"兴趣是最好的老师。学生一旦有了兴趣，就会引发对所学知识的积极思考，深入探索，变"要我学"为"我要学"。学习的兴趣从哪里来？一部分来源于对学习内容本身的喜好，而更多的时候要靠教师挖掘教材中的激励因素，对学生加以激发。教学中，我通常通过猜谜语、讲故事、编歌谣、做游戏、设悬念等途径，创设教学情境，使学生产生主动参与、积极探究的强烈欲望，从而体验到成功的喜悦。

为了培养学生对学习的长期兴趣，使他们始终保持旺盛的学习积极性，产生自主学习的自觉性，教师要激发学生的学习动机，使学生明确自主学习的意义。通常，教师可以通过与学生个别谈心，了解学生对学习的真实想法，帮助学生树立自主学习的责任感和紧迫感，让他们明确自己是学习的主人，让他们明白"未来的文盲不再是不识字的人，而是不会学习的人"，自己不会学习将被时代淘汰。教师还可以向学生介绍成功的事例，让学生明确，具备了这种独立学习的能力将终身受益，从而激发学生主动参与学习过程。

3. 教师大胆放手，鼓励学生自学自悟

传统的教学理念使不少教师把课堂当作了展示自己的舞台，在不知不觉中垄断了学生的学习主权。自主学习就是要把学习的权利还给学生。所以，教师要大胆放手，给学生提供自主实践的机会。具体应落实在以下方面。

（1）教师要给予学生充足的思考空间和学习时间

教师要坚信学生的能力不是“讲”出来的，而是学生自己“学”和在“探究”过程中培养出来的，只有学生自己“学”出来的能力，才能成为真正意义上的能力。教师要留给学生足够的思考空间和时间，让学生真正成为课堂教学的主角。学生获取知识的结果，远远比不上他获取知识的过程重要。让学生在学习上有所发现，有所体验，重要的前提是给予他们在学习和探究知识的过程中主动思考与积极探究的时间和空间，这样，他们的体验才是幸福而自信的。

（2）教师要给学生创造讨论交流的机会

思想只有通过交流和碰撞才能迸发出火花。教师强压着不让学生说，就等于堵住了他们学习的一条渠道，久而久之，学生也就变成了被动接受外界信息的“容器”。课堂应是学生主动说话的阵地，让学生把内心的疑惑、感受表达出来，无疑可以培养他们的创新精神和创造品格。开始的时候，学生提出的问题可能会比较肤浅，不着边际，甚至在课堂上招致其他同学的哄笑，这时，教师一定要加以鼓励，进行点拨。久而久之，学生便能具备善于质疑的能力，能提出较有探究价值的问题。实践证明，在课堂教学中注重激励学生质疑解难，不仅能提高学生对语言文学的感悟能力，还能激发学生自主学习、探索问题的积极性，使学生由一个学习被动者变为一个主动探索者，把学习的潜力充分开发出来。

（3）教师要学会欣赏学生的优点

新课标中明确指出，教学目的不能只注重知识与技能，更要强调情感态度与价值观。在教学过程中，要树立以学生为主体的现代教育观念，给每个学生提供思考、创造、表现及获得成功体验的机会。想做到这一点，教师就要学会欣赏每一位学生，及时发现每一位学生身上的闪光点，并给予鼓励。学生在教师的关注下，不仅会喜欢教师，喜欢上课，与教师产生融洽和谐的师生情感，还会在课堂上积极表现，愉快并主动地学习。

4. 适时指导，给予帮助

（1）教师要进行方法指导

指导自主学习是改变以往教学中过于强调以教师为中心的教学方式，使学生在教学活动中由被动变为主动的一种尝试。但这种教学方式如果操作不好，便会流于形式，使教学过程表面上看起来热热闹闹，实际上效果并不理想。因此，要真正让这种学习方式落到实处，教师的有效指导至关重要。由于长期地被动学习，使学生养成了等着老师讲的依赖思想。刚开始自主学习时，他们往往不知道学什么，会有“老虎吃天，无处下口”的感觉，这时就需要教师在学习方法方面给予学生恰当、及时的指导。

（2）教师要“精讲”

经过自学和讨论，有些学习内容和问题已经被学生掌握或解决，而有些内容还没有被理解或掌握，这时就需要教师进行讲解。在学生自主学习基础上进行的课堂教学是一种高水平的教学，它的特点是具有很强的针对性，是用于解惑的“精讲”。因此，在这个过程中，对教师的讲解也有很高的要求。首先，教师的讲解不是从头开始的，而是在学生经过自学课本、尝试练习与课堂讨论，对新知识已经有了初步了解的前提下进行的，因此，就不必面面俱到，只要根据学生自学的反馈信息，针对重点和难点讲解就可以了。其次，“精讲”应以基本原理或规则为核心内容，最好讲练结合，重点分析做对的道理以及做错的原因，抓住导致“学不懂”的原因进行深入探究。简单地说，就是在“精讲”过程中，要让学生学会学习，学会交流。

第二节　指导自主学习的教法探索

一、如何落实自主学习

教学的目的在于帮助每一个学生进行有效的学习，使之按自己的意向得到尽可能充分的发展。“指导自主学习”教改实验正是以此作为教改目标，在这方面做了许多有益的尝试。下面，我就自己在平时教学中如何落实自主学习介绍 4 种做法。

1. 让学生学会学习，学会思考

教学活动不仅仅是知识的传授和能力的训练，更重要的是师生之间、学生之间的信息传递，情感交流，思维的碰撞。教学活动重在让学生学会学习，学会思考，这是“指导自主学习”教改实验的突破口。它从激活学生的学习潜能入手，尝试促进学生自主发展的方法和途径。从“满堂灌”的课堂教学模式转型为教会学生“怎样学习”“怎样思考”，即让学生掌握学习的工具。

2. 把课堂还给学生，让学生成为课堂的真正主人

“指导自主学习”教改实验的着力点就是把课堂还给学生，让学生主动参与教学活动，并激励他们“动”起来，“活”起来，敢想，敢问，敢说，敢争辩。敢想，就是在课堂上，要创造条件，让学生“想”在教师的前面，向教师（书本）挑战，让学生在思维运动中训练思维，敢于提出和解决众人“没想到”的问题，敢于对某一问题做出大胆猜测。敢问，关键在于在课堂上营造讨论问题的氛围，激励并引导学生积极大胆地把自己异于同学、教师甚至课本的想法和见解说出来。敢说，即在教学中多让学生讲想法，使学生体会到学习知识不仅是记住结论，而且要学习得到这些结论的想法。敢争辩，是指在探索问题的基础上，展开争论，让学生深层次地理解问题，真正弄懂，弄通，从而自觉地、创造性地去应用。

3. 提倡和指导学生学会写小结和小论文

学生通过自主学习掌握了知识，培养了能力，那么怎样才能使这些真正变成自己的东西呢？我认为学会写小结、小论文至关重要。小结有两种：一种是对知识理解、掌握方面的，另一种是关于学习方法方面的。如果学生经常对所学知识从这两个角度进行小结，对于提高自身的学习、思考能力大有裨益，思维水平将达到一定的高度，至于对学习方法的掌握，更会非同一般。小结再进一步，就是小论文。练习写小论文就是开展问题研究，即学生利用自己已掌握的知识，解决超出书本范围的问题，特别是身边的生活问题。这对学生深入理解知识，培养创新能力，提高思维水平，都是极富成效的，因而愈早开始愈好，应该从初一学年段就入手。

4. 对学生开展各种活动，特别是主动探索的表现给予积极的评价

开展“指导自主学习”教改实验后发现，课堂教学应尽量给每位学生

更多独立思考、发表意见和交流的机会。学生的交流机会越多，自信心就会变得越来越强，喜欢谈看法，愿意参与讨论，并自觉地钻研。因此，在平时教学过程中，应该多鼓励学生探究，让每位学生在学习中都能尝到成功的喜悦，这对于激发他们的探索兴趣，使自主学习更深层次地开展下去，具有深远的意义。

5. 自主学习与网络教学有机结合

现代技术的不断发展，为多媒体网络教学提供了便利。多媒体网络教学模式与传统的课堂教学模式相比，有很多优势：多重感官刺激，优于单一感官刺激的学习效果；信息量大，传播速度快，能在较短的时间内传、存、取或显现大量的语言、图像、影像等信息；反馈及时，能第一时间了解和掌握学生的动态，及时调整教学节奏。这些优势为“指导自主学习”教改实验打开了思路，为学生的自主学习开创了新路子。例如：①如何利用网络教学的多感官刺激强化学生的自主学习，提高学生自主学习的时效性；②如何充分利用网络教学信息量大、传播速度快的优势，为自主学习提供便利，使学生的自主学习更具广泛性；③如何利用网络教学反馈及时的功能指导自主学习，使自主学习更具可操作性。所有这些课题的研究都是在寻找网络教学与自主学习的最佳结合点，同时，也为自主学习注入了新的活力，为自主学习开创了新路。我校初一学年段开设的信息技术班就是对自主学习和网络教学最佳结合的探索，我相信经过师生的共同探索，会取得惊人的成绩，因为这是当前教育改革的方向。

6. 自主学习与研究性学习融会贯通

研究性课程已列入高中的必修课，也是本次新课改强调的重点，进行研究性学习已迫在眉睫。所谓研究性学习，是指学生从自己身边和社会生活中提出问题，在教师指导下以个人或小组为单位运用收集材料、处理信息、解决问题的方式进行学习。研究性课程的确立迫使教师的角色从知识的传播者转向学生的组织者、指导者，使教师的教育理念和教学方式发生了根本性转变，使教育评价重点由关注知识记忆转向重过程，重参与，重创新，重激励，真正实现了教育面向每一个学生的未来发展。那么，如何让学生一踏入高中就能适应研究性学习呢？我个人认为，在小学、初中阶段大力开展自主学习至关重要，因为研究性学习是自主学习的深化和延伸，是更深层次的自主学习，也是自主学习的必然结果。同时，研究性学习的深入开展也大大提高了学生的自主学习能力，使学生更懂得如何有效地自主学习，为自主学习提供了方向。所以，自主学习和研究性学习是融会贯通的，在自主学习的基础上开展研究性学习是水到渠成的事。

7. 自主学习与创新意识的培养

培养学生的创新意识和创造能力是当今教育改革的重要方向。那么，在教育教学中如何体现创新是教育改革的方向呢？“指导自主学习”教改实验有 6 个方面的教育教学思想观念更新作为先导。①潜能观：相信学生具有独立学习的巨大潜能。②人性观：相信学生具有自我负责的精神以及独立学习和自我实现（创造）的欲望。③学生观：首先，学生是人，不是容器，其次，学生是发展中的人，不是成人，要视学生为不断变化、发展与进步的个体。④知识观：知识是智慧的结晶，拥有知识不等于拥有了智慧。⑤教学观：教会学生学习。学习不是简单的感知，被动的接受，而需学生自身积极、能动地建构知识。⑥评价观：教育评价为教育教学服务，为促进学生的发展服务。“指导自主学习”教改实验正是针对以上教育教学思想的更新，为培养学生的创新意识和创造能力找到了突破口。首先，自主学习主张课堂的开放性，利用课堂的开放性创设了师生平等交往的课堂氛围，为培养学生创新意识提供了外部环境保障。其次，开放的课堂是创新的源泉。“指导自主学习”教改实验把课堂还给学生，让学生主动参与，在课堂上敢想，敢问，敢说，敢争辩，促使学生去创新，去体验创新的乐趣。再次，自主学习使每位学生有了更多独立思考、发表意见和交流的机会。一个学生的交流机会越多，自信心就越强，便逐渐喜欢谈看法，愿意参与讨论，并自觉地钻研。这对激起他们的探索兴趣，培养创新意识，大有裨益。

二、如何开展反思教学

所谓反思，就是从一个新的角度，多层次、多角度地对问题及解决问题的思维过程进行全面的考察、分析和思考，从而深化对问题的理解，优化思维过程，揭示问题本质，探索一般规律，沟通知识间的相互联系，促进知识的同化和迁移，并进而产生新的发现。反思是一种积极的思维活动和探索行为。反思是同化，是探索，是发现，是创新。在数学教学中，反思是发现的源泉，是训练思维品质的极好方法，是促进知识同化和更新的可靠途径。通过反思，可引导学生追踪数学家的思维行踪，像数学家一样思考问题；通过反思，可以拓宽思路，优化问题的解法，完善思维过程；通过反思，可以沟通新旧知识之间的联系，促进知识的同化和迁移；通过反思，可以深化对知识的理解，并探究新的发现。历史上许多数学家的发现就是在反思过程中获得的。因此，数学教学中应积极引导学生学会反思，充分调动学生求知、求思、求新的积极性和主动性，使其养成善于观察、善于分析、善于思考的学习习惯，培养学生勇于探索、勇于创新的学习精神，提高学生发现问题的能力。

1. 本着向书本挑战的精神，反思知识网络，使学生产生对知识的独特理解和表达

数学是由许多“元素”——知识点构成的复杂系统，数学知识可看作一个网络。学生只有掌握了数学知识网络的形成过程和内在联系，才能产生对知识富有个性化的理解和表达，以达到创新的目的。

(1) 反思知识的形成过程，揭示问题本质，试着用自己的思维方式去发现或创造有关的数学知识。在目前的中学教育中，无论是在教科书中还是在课堂上，数学对学生来说都是一些已经完成了的形式固定的理论，教师在课堂上教给学生的各种定义、规则、算法都是现成的结论。至于数学知识的发现和创造过程已远离了学生。那么，怎样才能重新激发学生的热情，让学生试着用自己的思维方式去发现或创造数学知识呢？这就要求教师在教学中创设合适的情境，积极引导学生反思知识的形成过程，试着用新的方法去探索知识，真实体验数学发现和创造的过程。

【例 1】 在学习“圆内接四边形”一课时，可以利用现代技术，采取让学生在计算机上用“几何画板”亲自动手探索的方式：①打开“几何画板”，让学生动手任意画$\odot O$和$\odot O'$的内接四边形$ABCD$；②量出可度量的所有值（圆的半径和四边形的边、内角、对角线、周长、面积等），并观察这些量之间的关系（相等、不等、成比例、乘积等）；③改变圆的半径大小，这些量有无发生变化？由②观察得出的某些关系有无发生变化？④移动四边形的一个顶点，这些量有无发生变化？由②观察得出的某些关系有无发生变化？⑤移动四边形的两个顶点呢？移动 3 个顶点呢？学生在观察的基础上，经过归纳，提出了猜想——“圆内接四边形的对角互补”“圆内接四边形的两组对边的乘积之和等于两条对角线的乘积”。此时，学生可能提出一些错误的猜想，教师除了鼓励学生继续探索以外，并指出他

们提出的仅仅是猜想，其正确性还需要从理论上加以证明。这时，引导学生去证明这些结论，使学生的认识由感性过渡到理性。

在教学中，充分利用现代技术创设合适的情境，引导学生去探索，是当前教学改革的一大特点，大大激发了学生探索的兴趣和热情，培养了创新意识。

(2) 反思知识的内在联系，鼓励学生对知识追根溯源，激励学生“浮想联翩”。数学学习的过程是知识的同化和迁移的过程，而反思是同化和迁移的核心步骤，通过反思可以挖掘知识间的内在联系，让学生体会、联想。

【例 2】 在初三年级讲解“直角三角形的三角函数”一课时，讲解三角函数的定义：$\sin A=\frac{BC}{AB}$，$\cos A=\frac{AC}{AB}$，$\tan A=\frac{BC}{AC}$，$\cot A=\frac{AC}{BC}$，学生提出了很多的疑问。

① $\sin A$，$\cos A$，$\tan A$，$\cot A$ 的名称从何而来？

② 为什么这样定义三角函数？

③ 三角函数有何作用？

在当时，很难回答这些问题，但我觉得这些问题的提出，就是学生带着怀疑和批判在反思知识，对知识进行追根溯源，对于激发学生的创新意识大有裨益。上了高一年级，再学三角函数的定义：$\sin a=\frac{y}{r}$，$\cos a=\frac{x}{r}$，$\tan a=\frac{y}{x}$，$\cot a=\frac{x}{y}$。这时，我想学生自然会和初三年级所学的三角函数进行比较，并且产生许多的感叹和联想。例如：这两种定义法有何相同和不同，为什么按这样的顺序进行学习等。如果教师能引导学生及时反思新旧知识之间的内在联系，注意通过旧知识去理解新知识，同时又用新知识解决学习旧知识时产生的疑问，学生就能在疑问和联想中，点燃创新的火花。

2. 带着批判和怀疑的态度，反思数学思维的活动过程，提高学生类比、归纳、猜想、探求的能力

反思数学思维的活动过程，就是对数学知识的发生、发展过程的揭示与解释。将这一过程中丰富的思维训练因素挖掘出来，将知识中蕴含的丰富思维和方法抽象概括出来，使学生在数学思维能力方面得到发展，从而

提高他们的数学智能品质，培养创新型人才。

（1）反思数学解题的思维活动过程，训练发散思维，培养学生思维的灵活性和创造性。反思是一种积极的思维活动，在数学教学过程中，要引导学生从不同角度、不同层次考察问题，摆脱固定的思维模式，注意探索多种解题途径，寻求最佳解题方法。通过对解题过程的反思和比较，不仅可以拓宽思路，择优解法，更训练了学生思维的灵活性和创造性。

（2）反思数学问题的思维演变过程，促使学生自由地提出新问题，培养学生的创新思维。

在当前的教学中，“讲例子，套公式，仿考题”成了一句顺口溜。教师为了培养学生对付各种考试的能力，往往让学生进行覆盖各种题目类型的大运动量解题训练，使学生成为解题的机器，让学生的各种能力和创新意识在解题的过程中渐渐被埋没。那么，如何打破常规，重新唤起学生的创新意识呢？教师经常引导学生反思数学思维活动的演变过程，促使学生自由地提出新问题，是一种行之有效的方法。

【例 3】 在讲解“圆”这一章时，书本上有这样 3 个题目：①已知，如图 1，两圆内切于点 T，TA，TB 分别交⊙O 和⊙O' 于 A，C，B，D，联结 AB，CD，求证：$AB/\!/CD$。②已知，如图 3，两圆外切于点 T，直线 AD，BC 过点 T，分别交⊙O 和⊙O' 于点 A，D，B，C，联结 AB，CD，求证：$AB/\!/CD$。③已知，如图 2，两圆相交于点 E，F，且交⊙O 和⊙O' 于点 A，C，B，D，联结 AB，CD，求证：$AB/\!/CD$。

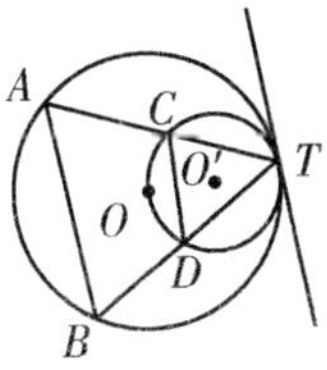

图 1

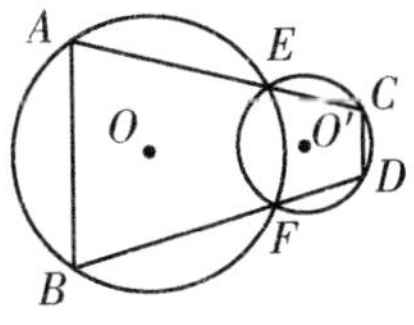

图 2

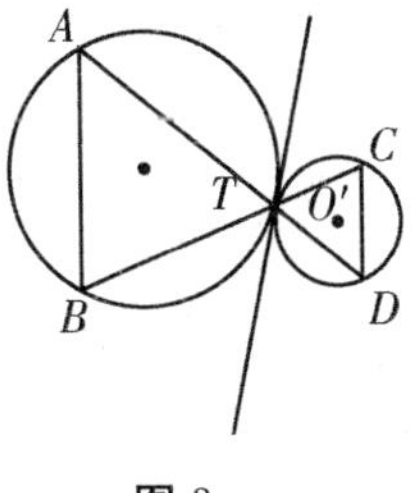

图 3

比较这 3 个数学问题的异同，反思其解题的思维演变过程，我们不难发现这样一个思维框架图：

证平行⇐{
同位角相等（题目①）
内错角相等（题目②）⇐弦切角定理
同旁内角互补（题日③ ）⇐圆内切四边形性质
}

通过反思这类问题的思维演变过程，激发了学生对问题继续探索的兴趣。例如，引导编题：若在例 3 第③题中增加条件“$AC /\!/ BD$”，则可以得出什么结论？在第③题中，问：当 AC 和 BD 满足什么条件时，四边形 $ABDC$ 是怎样的特殊四边形？并证明得出的结论。以上通过反思数学问题的思维演变过程，使学生主动地提出新问题的探索活动，就是创新。

3. 以探索精神反思数学与现实生活之间的联系，利用数学来解决实际问题。

常规的数学教学是提出数学结论，证明结论，运用结论解题。长此以往，学生越来越感到数学是一种智力游戏，学生的任务就是计算和证明。它能给我们的现实生活带来什么呢？教师自觉地去反思数学与现实生活之间的联系，引导学生用数学来解决实际问题，这才是真正意义上的数学，也是创新活动的开始。

【例 4】 我们常见到带有图案的地面，它们分别是用正方形或正六边形形状的材料铺成的，这样形状的材料能铺成平整、无空隙的地面。现在问：①像上面那样铺地面，能否全用正五边形的材料，为什么？②你能不能另外想出一个用一种多边形（不一定是正多边形）材料铺地面的方案？把你想到的方案画成草图。③请你再画出一个用两种不同正多边形材料铺地面的草图。

这就是一个数学与现实生活相联系的问题，我们发现，只要把数学中的平面几何知识和现实生活中的平整、无空隙的地面联系起来，就能很快地解决这类问题。解题的同时提高了学生应用知识的能力、动手实践能力，激发了学生的求知欲和创新思维。

最近开展的研究性学习，要求学生通过社会调查，自己提出问题，自己收集数据，自己进行思考分析，独立得出结论，解决问题，撰写数学小论文。例如：学生在实践过程中，提出研究课题：①汽车分期付款合算吗？②关于厦门市公交线路的设计问题；③运用数学方法变比萨店的完全被动管理模式为主动管理模式，提高比萨店的经济效益和社会效益，使得对数学知识的应用变成学生自己的研究、探讨和交流活动。学生必须走出课堂，走上社会，去观察社会、接触社会，在社会的大课堂上学习，在实践的过程中培养动手能力和创新意识。

三、如何培养学生的创新意识

《面向21世纪教育振兴行动计划》中特别强调新一代人才应该具备创新意识和创造能力，因此，培养学生创新意识和创造能力的问题正在成为广大教师探索的一个热点，那么，如何在中学数学教学中培养学生的创新意识呢?

1. 建立平等和谐的课堂氛围，是培养学生创新意识的前提

创新，顾名思义是前人所未曾想过、做过的。创新常常突破旧的传统观念，打破旧的平衡格局，因此，创新者的思想和行为，难免不为一般人所接受。这就需要一个能容纳不同的思想和行为方式的教学氛围。因此，在课堂教学活动中，必须建立一种平等、指导性的新型师生关系。这种平等和谐的关系具有两种效应：其一，宽松，师生处于一种宽松的氛围中，能够给学生带来安全感，学生能够无拘无束地愉快学习，从而能最大限度地激发聪明才智和创造性；其二，期待，教师对每一个学生都充满信任和期待，就会使学生得到一种潜在的鼓舞和力量，促使他们充分发挥自身的最大潜能去创新，去发现。

“指导自主学习”教改实验主张课堂开放性，利用课堂的开放性创设平等的师生关系，和谐的课堂氛围。其一，在师与生的关系上，实现了师生双方的人格平等，教师从单纯的知识传授者变成课堂教学的组织者、指导者、促进者、伴奏者；其二，开展小组学习活动，使学生在人际交往中产生心理相容性，在班级中建立和谐的人际关系。正是在这种情境下，学生有了“安全感”，敢想，敢问，敢说，敢争辩，思维敏捷，大胆创新。

2. 让学生在课堂上学会学习，学会思考，是培养创新意识的基础

课堂教学活动，不仅仅是知识的传授和能力的训练，更重要的是师生之间以及学生之间的信息传递、情感交流、思维碰撞。课堂教学活动，重在让学生学会学习，学会思考，这是培养创新意识的基础。“指导自主学习”教改实验正是从激活学生的学习潜能入手，尝试促进学生自主发展的方法和途径。从“满堂灌”的课堂教学转型为教会学生学习方法，即让学生掌握学习的工具。具体做法：①指导阅读，优化“讲”的过程；②引导观察，优化“看”的过程；③引导思维，优化“想”的过程；④鼓励质疑，优化“悟”的过程。

现以二元一次方程组的应用的教学为例。

【例 5】 甲、乙两人相距 6 km，两人同时出发，同向而行，甲 3 小时可追上乙；相向而行，两人 1 小时相遇。两人的平均速度各是多少？

（1）指导阅读，提出问题

① 题中已知什么？未知什么？求什么？

② 题中有哪些数量关系？

（2）引导观察，找出条件

由题中“同向而行”“相向而行”等字眼，判断出本题包含两类问题：相遇问题和追及问题。

（3）引导思维，找出数量关系

同向而行，甲的行程＝乙的行程＋6 km

相向而行，甲的行程＋乙的行程＝6 km

（4）鼓励质疑，归纳总结

① 列二元一次方程组的一般步骤是什么？

② 列二元一次方程组的关键是什么？

③ 列二元一次方程组解应用题和列一元一次方程解应用题有何区别和联系？

3. 让学生在课堂教学活动中“动”起来，“活”起来，是培养创新意识的核心

“指导自主学习”教改实验的着力点是把课堂还给学生，让学生主动参与，并激励他们“动”起来，“活”起来，使他们敢想（善于联想，合理猜想），敢问（鼓励质疑），敢说（讲述想法），敢争辩（课堂讨论），去创新，去体会创新的乐趣。

（1）讲述想法

古往今来无数事实表明，产生一个想法在知识的创新中起着决定性的作用。因此，我们在教学中多让学生讲想法，使学生体会到学习数学不仅是记住结论和做题，而且要学习得到这些结论的方法。例如：在讲解一元一次不等式时，如何得到解不等式的方法？想法一，由不等式基本性质推广得到；想法二，与解一元一次方程相比较得到。

（2）善于联想

要有所创新，就必须提出和解决众人“没想到”的问题，而这些问题不是凭空产生的，它隐含在很多平常的现象中，只有那些善于“由此思彼”联想的人才能想到。这种“由此思彼”的联想能力是创新意识的源

泉。例如：伽利略看到人们用力推车后，从反面提出问题“如果不用力，车子会怎样”，发现了惯性；鲁班被齿叶划破了手和衣服，从中受到启发发明了锯子。

【例 6】 在讲解“角平分线的概念”时，如图 4，一条射线 OC 把一个角$\angle AOB$ 分成两个相等的角，这条射线叫作这个角的“平分线”。这时有$\angle AOB=2\angle AOC=2\angle COB$，$\angle AOC=\angle COB=0.5\angle AOB$，观察表达式发现：它与线段的中点概念的表述极其类似。这种思维的联想，使我们自然而然地把这两个概念联系起来加以理解、记忆。

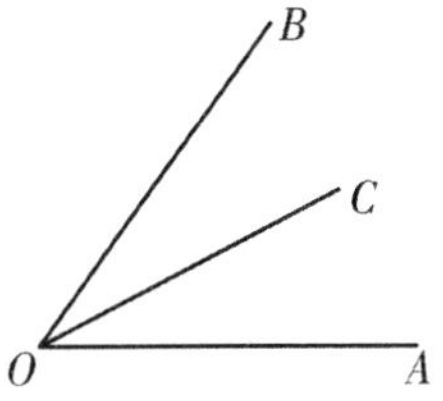

图 4

（3）合理猜想

猜想是点燃创新意识的火花，猜想对于创新意识的产生和发展有着极大的作用。因为科学上许多的发现都是凭直觉做出猜想，而后才去加以证明和验证的。在数学研究上，“先猜测，后证明”是一种规律。

【例 7】 在讲解“补角的性质”时，得出同角或等角的补角相等。可以引导学生猜想：同角和等角的余角情况又如何呢？并证明。

（4）鼓励质疑

“学起于思，思源于疑。”“学贵有疑，小疑则小进，大疑则大进。”鼓励学生质疑，关键在于营造讨论问题的氛围，激励引导学生积极大胆地把自己异于同学、老师甚至课本的想法和见解提出来。即使是浅显的甚至是不正确的，只要敢于质疑，都有益于创新意识的培养。

【例 8】 在讲解“线段中点的概念”时，如图 5，点 B 把线段 AC 分成两条相等的线段，点 B 叫作线段 AC 的“中点”。

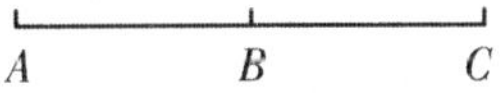

图 5

鼓励学生质疑判断：

① 点 B 是线段 AC 的中点，有 $AC=2AB=2BC$。（　　）

② 点 B 是线段 AC 的中点，有 $AB=BC=0.5AC$。（　　）

③ 若 $AC=2AB=2BC$，则点 B 是线段 AC 的中点。（　　）

④ 若 $AB=BC=0.5AC$，则点 B 是线段 AC 的中点。（　　）

⑤ 若 $AB=BC$，则点 B 是线段 AC 的中点。（　　）

⑥ 若 $AC=2AB$ 或 $AC=2BC$，则点 B 是线段 AC 的中点。（　　）

⑦ 若 $AB=0.5AC$ 或 $BC=0.5AC$，则点 B 是线段 AC 的中点。（　　）

第三节　指导自主学习各环节的教学方法

一、如何进行教学设计

以“统计的初步认识”教学设计为例。

【教材简析】

与我国传统的数学课程相比，新教材在教学内容上大大增加了统计和概率的内容。“统计的初步认识”就属于全新教材的内容。这部分的主要内容有4点：“统计的意义”“平均数、中位数和众数”“平均数和众数的使用”“机会的均等与不等”。前3个属于统计范畴，后一个属于概率范畴，整章的教学都尽量围绕真实的数据展开。认真分析本章教学内容，本人觉得本单元教学理念新，教学材料新，体现了新课标所指明的各种变化。具体地说，主要有以下3个特点。

1. 教学内容问题化，更具思考性

新教材和旧教材相比，编排上有一个新的特点，就是教学内容问题化，通过问题引入新课，通过问题学习新知识，通过问题深化认识。以“平均数、中位数和众数”为例，以往对它们的教学和评价常常停留在教会计算这一较低水平上，而新教材则不同，通过许多问题，让学生思考并体会这些数在实际情境中的意义，了解它们各自的应用范围，在解决具体问题时做到合理选用。引导学生探索这3个统计量的不同性质，以便多角度地认识它们，区分它们。

2. 选取的问题贴近学生，贴近时代

为了激发学生的学习兴趣，让学生明了所学知识与现实世界的联系，本章尽量选取近几年发生在学生身边的事情或学生感兴趣的游戏为题材，如收集2000年第5次全国人口普查得到的某些数据，讨论怎样比较两组成绩，如何判断某个游戏规则的公平性，研究心率与年龄有什么样的关系等。在学习解决这些现实问题的同时，学生开阔了视野，增进了对数学价值的认识。

3. 教与学的形式以学生合作探索活动为主

本章每一节的教学和课外习题中，都安排了一些学生可能感兴趣的合作探索活动，如估计他们同龄人一般的步长，池塘里鱼的数量，调查对教师讲课“拖堂”现象的态度，估计教师手中绳子的长度，比较两组同学跳绳的成绩等。希望学生通过集体活动和讨论，了解随机抽样的意义和方法，加深对平均数、中位数和众数的理解，感受随机现象背后表现出的规律性。

【教学理念】

学生是学习的“主人”。新课改强调教学必须以学生为主体，倡导自主探索和合作学习。在本章教学中，我觉得要特别重视组织学生开展活动，让学生的兴趣在了解探索任务中产生，让学生的思考在分析真实数据中形成，让学生的理解在集体讨论中加深，让学生的学习在合作探究活动中进行。

【教学建议】

1. 引导学生关注生活，创设问题情境，激发学生兴趣

选择具有丰富的现实背景，符合当地实际的学习材料，创设问题情境，激发学生的兴趣，是学好本章的首要条件。教学中，教师可以引导学生关注生活，从现实生活中寻找素材，让学生自己提出有关的数学问题，通过生生互问、师生互问，唤起学生的“主角”意识，增强学生用统计方法解决实际问题的“欲望”。

比如，在学习“统计的意义”时，可以让学生从身边的事例开始，提出问题：①让学生统计本班 13～15 岁学生的人数；②本年级 13～15 岁学生的人数；③厦门市七年级学生 13～15 岁的人数；④全国七年级学生 13～15岁的人数。通过自己的操作与实践去发现、经历和体会统计的过程，从而认识人口普查和抽样调查的区别和联系。

2. 引导学生开展活动，体验知识的形成过程，提高探究和分析能力

(1) 动手实践，自主探索

统计和概率意识的形成是学好本章的基础。在教学过程中，教师可以引导学生通过各项活动形成统计和概率意识。如通过摸球活动来理解“从部分看全体”的意义；通过统计某次考试学生的成绩情况，来理解和区分平均数、众数和中位数；通过抛掷硬币游戏，来认识“确定与不确定”“成功与失败”“游戏的公平与不公平”等。

(2) 相互交流，体会过程

集体讨论、相互交流是探索活动的有机组成部分。只有通过讨论和交流，才能形成多种多样的抽样方案，针锋相对的推测结论，各具特色的陈述理由。如在讲述“平均数、中位数和众数”时，最后安排了一个开放性问题，让学生一起来比较两组同学的一分钟跳绳成绩。教学中，教师应尽量鼓励学生发表看法并陈述相应的理由，即便是完全对立的看法，只要有恰当的理由支持，都可以提出来。让学生们意识到这是在解决不确定现象问题，答案自然也不必是确定的。事实上，这一次的跳绳成绩也未必是两组同学跳绳实力的缩影。

3. 引导学生进行课题研究，增强学生的创新意识，提高创造能力

“学以致用”是新教材的一大特征。虽然课本把课题学习放在教学内容之后，但我认为基于统计和概率与现实生活有千丝万缕的联系这个特点，教师应积极引导学生进行课题学习。如书本中所研究的内容“心率与年龄”，是一个帮助我们了解人类自身的课题，希望教师引导学生通过亲自参与调查，用在课堂上学到的知识去探索周围的未知世界。让学生自己设计抽样调查的方案，确定调查对象、人数与调查方法，确定选用什么指标来代表一组数据，最后像科学工作者一样写一份简短的报告。通过课题研究，不但让学生懂得了用数学来解决实际问题，同时也增强了他们的创新意识，提高了创造能力。

4. 引进现代信息技术，利用计算机提高课堂效率

“统计的初步认识”这一章中，处理数据是一个重要环节。由于统计过程中，数据多、繁、难，建议利用计算机中的 Excel 来画统计图，求平均数、中位数和众数，提高课堂效率。

【评价方式】

本章在教学方法上积极倡导学生自主探索和合作学习，因此，在对学生的评价方面，也要进行多元化评价，强调评价的日常化和多样化，不但要重视知识水平的考查，还要考查学生的参与程度和各种能力水平。评价时，可以结合以下几点。

(1) 知识水平考试。

(2) 检查学生日常参加活动情况、参与集体讨论情况以及语言描述能力等，做到日常记分。

（3）提供成果展示，评价学生的探究能力、分析能力等综合素质。

（4）开展一个课题研究，写一篇小论文，考查用“统计”解决实际问题的能力。

总之，我认为在“统计的初步认识”教学中，教师应力争做到教学内容生活化，教学方法活动化，评价方式多元化。

二、如何激活数学课堂

课堂教学是教学工作的中心环节，也是实施素质教育的主阵地。如何把握好课堂，利用好课堂，是提高教学质量，实施素质教育的关键。在开展“指导自主学习”教改实验过程中，我对课堂教学进行了一些新的尝试。我认为，实施素质教育的关键在于优化课堂教学，让学生动脑又动手。

1. 注重变化，强化学生动脑训练

2000年3月，教育部颁发的《九年义务教育全日制初级中学教学大纲（试用修订版）》（以下简称“新大纲”）特别强调重视对初中生的创新意识和创造能力的培养。动脑是培养学生创新意识和创造能力的基础和源泉。下面介绍平时在课堂教学中开展动脑训练的几种做法。

（1）对数学课本中的定理、例题、习题等进行换位思考，促使学生多动脑。比如，在讲解垂径定理时，引导同学分析定理：“垂直于弦的直径平分弦，并且平分弦所对的两条弧。”题设条件：①过圆心，②垂直于弦。结论：③平分弦，④平分弦所对的优弧，⑤平分弦所对的劣弧。把定理中的条件与结论换位，任何两个命题做题设是否都可推出另外3条结论呢？例如：①过圆心＋③平分弦（弦不是直径）⇒②垂直于弦，④平分弦所对的优弧，⑤平分弦所对的劣弧。再让学生思考如何判断真假。事实上，以上命题都是真命题，在证题中常被作为一种结论采用。

（2）一题多变，培养学生的思维灵活性。一是，条件不变，还可以推出哪些结论？二是，条件改变，原结论是否成立？若不成立，能推出怎样的新结论？还可以将结论改变，寻求条件的相应变化。例如：几何作业如图6（在下一页），AB是$\odot O$的直径，CD是弦，$AE\perp CD$，垂足为E，$BF\perp CD$，垂足为F。求证：$EC=DF$。

变化一：题目不变，图形变（如图7，见下一页），求证$AE=BF$。

变化二：加条件 $AB=10$，$CD=6$（如图 6），求 $AE+BF$。

变化三：加条件 CD 为切线（如图 8），求证 $AC+BD=AB$。

变化四：加条件 $AC+BD=AB$（如图 8），求证 CD 为切线。

通过一题多变，让学生学会观察和分析，在变化中寻找共同点，对训练学生思维的灵活性大有裨益。

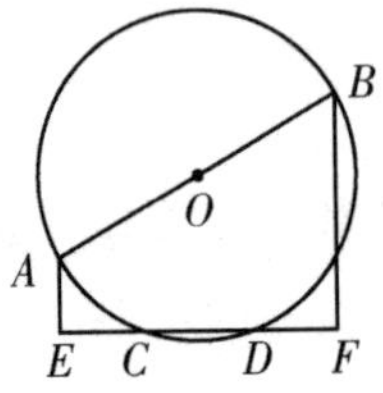

图 6

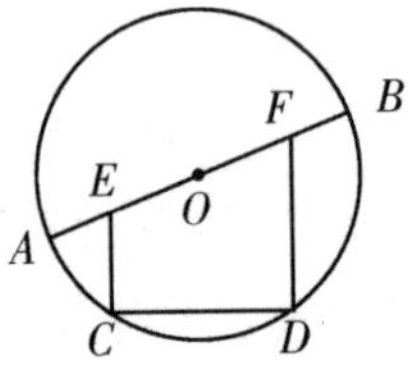

图 7

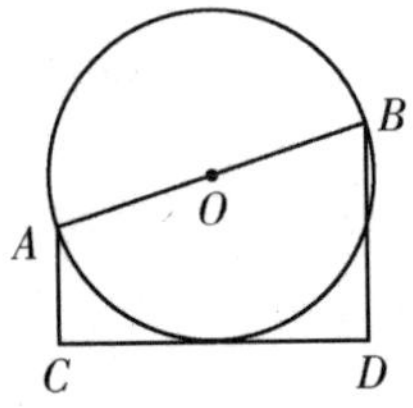

图 8

（3）引导发现，活跃思维。教师可以有意识地提供题组练习，让学生去领悟，去感受，去探索。例如：讲解“圆的外切四边形的两组对边之和相等”时，可以引导学生去探索圆外切六边形是否对边之和相等，甚至圆外切 $2n$ 边形是否具有相同性质［注：$2n$（$n\geqslant3$）边形的对边指不相邻边］。又如学生在证明顺次连接四边形各边中点组成平行四边形之后，提出若四边形改为平行四边形、矩形、菱形、正方形、等腰梯形，则结论如何变化，导致变化的关键是什么？反过来，若顺次连接四边形中点组成了正方形、菱形、矩形等，则对条件有何要求呢？让学生观察分析，类比推测，挖掘新的知识增长点，以达到活跃思维的目的。

（4）举一反三，学会发散思考。在课堂教学中，引导学生从不同方向、不同角度进行思考。多端输出，灵活变化，是训练多动脑的好方法。例如：求 B、C 的值，使下面的恒等式成立：$x^2+3x+2=(x-1)^2+B(x-1)+C$。根据题目进行发散思考：

发散一，依据恒等式定义，x 为任意值等式都成立，设 $x=1$，代入等式：$1^2+3\times1+2=(1-1)^2+B(1-1)+C$，则 $C=6$；再设 $x=0$，代入等式，得：$0^2+3\times0+2=1^2+B(-1)+C$，把 $C=6$ 代入，得出 $B=5$.

$\therefore x^2+3x+2=(x-1)^2+5(x-1)+6$.

发散二，把右边展开：$x^2+3x+2=(x-1)^2+B(x-1)+C=x^2-(2-B)x+(1-B+C)$，比较等号两边同类项的系数，得：

$$\begin{cases}-(2-B)=3\\1-B+C=2\end{cases}\Rightarrow\begin{cases}B=5\\C=6\end{cases}$$

$\therefore x^2+3x+2=(x-1)^2+5(x-1)+6$.

发散三，把左边配方，凑成 $x-1$ 的二次三项式：

$x^2+3x+2=x^2-2x+1+5x-5+6=(x-1)^2+5(x-1)+6$，

$\therefore B=5$，$C=6$.

发散四，令 $y=x-1$，则 $x=y+1$，

$\therefore x^2+3x+2=(y+1)^2+3(y+1)+2=y^2+5y+6$.

又把 $y=x-1$ 代入上式，即 $x^2+3x+2=(x-1)^2+5(x-1)+6$.

$\therefore B=5$，$C=6$.

通过一题多解训练，培养了学生的发散思维以及思维的广阔性。因此，课堂教学注重变化，引导学生敢于质疑，善于思索，勤于思考，勇于创新，是培养学生多动脑的策略之一，是实施素质教育的根本保证。

2. 加强数学课的实践环节，强化动手训练

新大纲提出，数学不仅是思维科学，也是实验科学。数学中的推理，不仅包括分析、综合、抽象、概括等演绎推理方式，而且包括观察、实验、猜想、调整等合理推理方式。因此，数学课应该增加实践环节，强化动手训练，让学生试一试，在“试”中思索，在“试”中理解。如教“轴对称图形”时，可取一张纸，先对折，对折后随意剪成一种形状，然后展开，根据图形特征描述出轴对称图形的概念。讲解“三角形三边关系”时，先让学生准备 3 组长度不同的木棒，然后让学生把 3 组木棒拼成三角形，看一看是否能拼成三角形，让学生在拼的过程中总结出三角形的三边关系。又如，在讲解“直角三角形测量旗杆的高度问题”时，可以让学生利用课余时间自制测量工具，如量角器等，充分发挥他们的想象力，鼓励他们大胆评议，选出几件测量较精密的仪器。另外，还可以利用计算机做模拟实验，增加学生的动手机会。例如：在讲解“三角形内角和定理”时，常规教学都是直接告诉学生内角和为 180°，为什么不让学生自己去发现呢？利用“几何画板”做数学模拟实验，就能收到意想不到的效果。具体做法：在画板上画出一个三角形 ABC，然后从“测量”菜单中选择“角度”，测量 $\angle ABC$、$\angle ACB$、$\angle CAB$ 的度数，计算 $\angle ABC+\angle ACB+\angle CAB$，最后拖动三角形，可以发现三角形改变时，它的内角和是不变的。

从以上几个例子可以看出，在一定的问题背景下，学生自己动手实

验，观察，比较，归纳，亲身经历了数学的建构过程，把所有的新知识通过自身的“再创造”，纳入到自己的认知结构中，成为有效而能发展的知识。这种做法彻底改变了以讲授“现成结果”为主，以“灌输”为特征的传统的数学教学模式，真正在课堂教学中实施了素质教育。

总之，数学课注重变化，是培养学生多动脑的策略之一；加强实践环节，是强化动手训练的根本保证。动脑又动手，是在课堂上实施素质教育的有效途径。

三、如何编制校本作业

实施“指导自主学习”教改实验3年多来，我们的课堂变了。教师讲得少了，学生活了，动起来了。特别是在作业的设置上，我校进行了大刀阔斧的改革，大力推行校本作业。怎样的作业会吸引学生？怎样的作业能达到“减负增效”的目的？怎样的作业能发挥学生的才能，展现他们的个性？这是我们编制校本作业需要重点研讨的问题。下面就此结合教学实践，谈谈我的几点做法。

1. 设计前置作业

前置作业就是前置性小研究，它指的是教师向学生讲授新课之前，让学生根据自己的知识水平和生活经验所进行的尝试性学习。它是教师“导”的过程，以问题形式出现，并对本节内容进行引导，让学生厘清学习路线图，从而让每个学生都带着有准备的头脑进入课堂学习。这种作业新颖，目的性强，更具科学性和趣味性。学生学习有驱动力，想做，爱做。如在学习“用正多边形拼地板”的内容时，可以这样设计前置作业：你见过哪些正多边形能铺满地面？请用数学知识进行解释。这样一个“少而精”的作业，学生易接受，又喜欢。通过完成这样的前置作业，学生对新知识有了初步感受和浅层理解，便能更有目的地进行课堂学习，大大提升了课堂教学效率。

2. 创新后置作业

课后作业是课堂教学的延伸，是一种梳理、巩固旧知识的手段，也是帮助学生提高能力的一个重要途径，可称为“后置作业”。有了前置作业，后置作业必须精简和创新，不进行机械的重复训练，而是进行一些开放性、有价值的学科实践活动。具体操作如下。

（1）学生自编作业

加德纳多元智能理论认为，每个学生的智力都有各自的特点，并有独特的表现形式，有自己的学习类型和学习方法。因此，根据不同学科的要求，教师可以寻找一个最佳切入点，即让学生自编作业。在自编作业的过程中既能激发学生的创造力，又能把作业的“老面孔”演化为多种多样有创意的数学实践活动，让作业成为展现学生思维水平、弘扬个性的园地。所以，当教师下达“自编作业”这一任务时，学生们总是兴致勃勃地参与其中。他们针对自身掌握知识的情况，设计一些自己不够清楚的、容易出错的练习题，或者富有创意、想象力的问题。这样的作业远比教师布置的作业丰富得多，针对性更强。他们对于自编的作业，不仅乐意完成，而且很投入，作业质量高，效果好。例如：在学习“轴对称图形”时，可以布置同学设计美丽的轴对称图案。

（2）坚持分层作业

学生的学习能力先天具有差异，有差异的学生做无差异的作业，势必会造成有的学生“吃不饱”，有的学生“吃不了”的现象。因此，对不同水平的学生的要求应该有所侧重，这就是分层作业。在布置作业时，利用“作业套餐”的形式设置 3 类题目：A 类是基础题，这是针对基础薄弱的学生设置的，浅显易懂，有利于他们获得成功的快乐，增强学习的自信心；B 类为提高题，紧扣当天所学的内容，并有所提高，主要针对中等程度的学生；C 类是发展题，这种题目有一定的难度，主要针对基础好的学生所设计，有利于培养学生思维的灵活性和深刻性。学生可自主选择“套餐”类型，也可以自由搭配各种类型，做到因人而异，各取所需。这样既照顾了学生的个体差异，又有利于不同类型的学生的发展，尤其是学困生和学优生，既能让学困生“跳一跳就摘到桃子”，又能让学优生免受“饥饿”之苦。

例如：在教学“多项式”时，设计以下分层作业。

A 层：① ________________ 叫“多项式”，________________ 叫“整式”。

② 多项式 $x^3-xy+y^2-\frac{y}{2}+1$ 是________次________项式，各项分别为________，各项系数的和为________________。

③ 当 $x=-2$ 时，代数式 $-x^2+2x-1=$ ________，x^2-2x+

1=________。

B层：④ 若$a^2+a=0$，则$2a^2+2a+2007$的值为________。

⑤ 若关于x的多项式$-5x^3-(2m-1)x^2+(2-3n)x-1$不含二次项和一次项，求$m$，$n$的值。

⑥ 多项式$7x^m+kx^2-(3n+1)x+5$是关于x的三次三项式，并且一次项系数为-7，求$m+n-k$的值。

C层：⑦ 如图9，某长方形草地的四角各有一块半径相同的$\frac{1}{4}$圆形，若圆形的半径为r米，长方形的长为a米，宽为b米，则空地的面积为多少平方米？

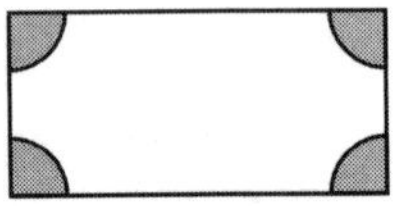

图9

（3）设计研究性作业

学生对于重复性的操练作业，普遍感到厌烦。所以，放手让学生自己设计问题，并自行解决，令他们表现出浓厚的兴趣。如讲“教育储蓄”一节时，先让学生利用休息时间到银行了解相关储蓄知识，在搞清了储蓄与我们生活的关系以及储蓄方式、本金、利息、利息税、本息和等基本术语后，就以自己的家庭理财为例进行一些相关的计算，结合自己家庭的实际情况设计出自己的储蓄方案，并写成数学小论文。这样既锻炼了学生提出问题、分析问题、解决问题的能力，也培养了学生收集和处理信息的能力，使学生有了“用数学”的意识。

（4）设计趣味性作业

数学作业抽象，枯燥，结合教材内容设计一些活动或一件小手工作品来增加作业的趣味性，提高学生学习的积极性，至关重要。如学习“展开图”时，鼓励学生按不同方法用剪刀去展开小正方形纸盒，结果学生得到了比书上还多的展开图；在“截一个几何体”的教学中启发学生用刀在萝卜或橡皮上切截，然后在课堂上展示。这样一来，学生学习兴趣很浓，在亲自动手操作的基础上获得了经验，建构了知识体系，促进了能力的发展。

新课改给教学带来了新理念。在作业的优化设计上，如果我们能多花一点心思，采取多种手段，通过多种形式，减少机械性 、重复性的练习，多布置研究性、趣味性的作业，可以大大激发学生的求知欲，变“要我学”为“我要学”，提高作业效率，同时促进学生知识、思维与能力的发展。

四、如何编制数学试卷

编制试卷过程纲要：

① 制订考试说明；

② 拟定编题计划 ；

③ 确定双向细目表 ；

④ 草拟试题；

⑤ 筛选组卷；

⑥ 拟定参考答案及评分细则。

1. 制订考试说明

考试说明，又称“考试标准”。内容包括：考试目的、考试性质、考试形式、考试时间、考试内容、考试范围及其水平（难易度）等。

以《2013－2014 学年第一学期期中质量检测数学模拟试卷》为例。

（1）测试目的

了解、检查九年级上学期我校的数学教学状况。

（2）测试方式

闭卷考试，全卷 150 分，考试时间 120 分钟。

（3）测试范围

现行人教（指“人民教育出版社”）版教材《义务教育教科书·数学》八年级（上、下）中的第 14 章《一次函数》、第 17 章《反比例函数》，九年级第 21 章《二次根式》、第 22 章《一元二次方程》、第 23 章《旋转》、第 24 章《圆》、第 25 章《随机事件的概率》。

2. 拟定编题计划

编题计划包括两项内容：一是编制试题的原则和要求，说明考试的内容范围、方法、目标、试题类型、编制试题和组配试卷的要求；二是规定试卷中试题的分布，即具体考试内容中各部分试题的数量分布、所占比例。初中阶段一般来讲，基本概念、基本知识方面的题目可占 70％左右，综合运用方面的题目可占 20％左右，难度较大的题目可占 10％左右。

（1）题量、题型和分值设置

总题量 26 题，其中选择题 7 题，每题 3 分，共 21 分；填空题 10 题，共 40 分；解答题 9 题，共 89 分。应用题不超过总分的 20％，开放或探索型试题不超过总分的25%。

（2）内容比例

	数与代数	空间与图形	统计与概率
题号	第1，2，4，8，9，12，15，17，18（1），19，21，22，24，25（1）题。	第6，7，10，11，14，16，18（2，3），23，25（1），26题。	第2，5，13，20题
分值（比例）	72分（48%）	61分（40.7%）	17分（11.3%）

（3）应用题、开放性试题分布

	题号（分值）	内容范围	背景（类型）
应用题	第13题（4分）	随机事件的概率	人教版九（上）P132
	第15题（4分）	一元二次方程	人教版九（上）P40
	第20题（7分）	随机事件的概率	人教版九（上）P138
	第21题（8分）	一元二次方程	人教版九（上）P29
开放性试题	第21题（8分）	二次根式	信息迁移型
	第22（2）题（5分）	一元二次方程	存在型

（4）难度要求

记难度系数为P。难度比：试题按其难度分为容易题、中等题和难题。容易题：$P\geqslant 0.70$；中等题：$0.3\leqslant P<0.7$；难题：$P<0.3$. 容易题、中等题、难题的分值比约为：7∶2∶1. 全卷难度：全卷预估难度为0.7～0.75，目标均分：110分。

3. 确定双向细目表

所谓双向细目表，是一种考查目标（能力）和考查内容之间的关联列表。一般纵向为要考查的内容，即知识点，横向为列出的各项要考查的能力。

目标细目表举例：

2013－2014学年第一学期期中质量检测________科命题目标细目表												
	知识板块	课时数	比例	分值	实际分值	题型	题序	分值	难度预估	主要知识内容	能力目标	思想方法目标	备注
合计												

4. 草拟试题

草拟试题要紧扣新课标，一方面要考虑从哪方面命题才能将新课标要求的内容都检测到，另一方面必须按测试要求的学生须达到的认知水平（一般为记忆认知、理解、运用3级）设计题目。

（1）试题注重基础，知识点源于新课标。试题题型大部分来自课本，其中，基础题主要根据课本中的练习题、A组习题的题型来拟定，个别题加以改造，此外包含一些变式题或自编题。

（2）课本改编题的原则：形式不变内容变，内容不变形式变。

（3）试题的背景材料中有90%源于课本中的背景材料。

5. 筛选组卷

(1) 对照双向细目表，审查设计的试题是否与各知识点及学生学习水平相符，并根据具体情况进行增补或删减、修订。

(2) 从科学性、思想性、逻辑性、独立性、时代性及语意表达等方面做最后审定。

(3) 根据测试的性质和对象，控制好试题的难度。

6. 拟定参考答案及评分细则

(1) 参考答案观点要鲜明，答案要正确，操作性要强。

(2) 客观性试题的答案要准确、明晰，便于阅卷。

(3) 主观性试题答案要注意规定性和灵活性的结合，充分预估各种可能出现的情况。

第四节 指导自主学习教学案例研究

一、如何上好代数课

以“整式的乘除”为例，谈本节课的教学设想。

【教材简析】

与其他版本教材相比，人教版教材在教学内容上有所创新。其一，在乘法法则的引入上体现了数学来源于实践的原则，通俗易懂；其二，在乘除运算的学习过程中更注重规则意识，由浅入深，体系完整；其三，在乘除法的学习过程中增加了应用题，更注重理论联系实际；其四，增加了利用计数器进行乘除运算的设计，使学生体会到现代工具的便利性。认真分析本章教学内容，本人觉得这节内容教学理念新，教学材料新，体现了新课标指明的各种变化。

【教学目标】

1. 知识目标

(1) 掌握有理数乘除法法则，并初步掌握有理数乘除法法则的合理性。

(2) 会进行有理数乘除法的运算并利用运算律进行计算。

(3) 会利用计算器进行乘除运算。

2. 能力目标

(1) 经历探索有理数乘除法法则的过程，培养学生的观察、归纳、猜想、验证能力。

(2) 提高学生的运算能力。

3. 情感目标

通过教学活动调动学生学习的积极性，激发学生学习数学的兴趣，提高学生认知世界的水平。

【教学重点】

有理数的乘除运算。

【课时安排】

分 4 节课。

第 1 节课，乘法法则的引入及简单应用（见课本 P28—30）。

第 2 节课，多个有理数的乘除运算及运算律的应用（见课本 P31—33）。

第 3 节课，除法法则的引入及应用（见课本 P34—36）。

第 4 节课，有理数的混合运算及应用，计算器的应用（见课本 P36—37）。

【教学理念】

本节课教学以运算规则的形成及计算为主，我觉得要让学生在探究中学习规则（如乘除法则及运算律），在实践中提高运算能力（少讲多动）。计算课枯燥，特别要重视组织学生开展活动，如小组竞赛、抢答、作业互改等。让学生的兴趣在活动中产生，让学生的思考在规则的探究中形成，让学生的理解在实践中加深。

【教学建议】

1. 几点教学建议

(1) 自主探究规则（如乘法交换律、结合律、分配律、除法法则）。

(2) 注重教师的示范作用（步步有据，格式规范）。

(3) 在实践中掌握运算方法（老师少讲，学生多练）。

(4) 在反思中形成规范（重视错误：教师预防，学生纠错）。

2. 如何评析例题

(1) 就题讲题，把题目讲清（一听就懂）。

(2) 发散题目的多种解法，拓展解题思路，把题讲透（一点就能透）。

(3) 厘清题目的诸多变化，把题讲活（一时忘不了）。

(4) 探究题目的思想方法，以能力培养为终极目标（一用真有效）。

例如：讲解 $-5\times6\div(-3)$ 时，可以从几个角度分析。

① 直接利用法则（把题目讲清）。

② 与小学的运算进行比较，关键是确定符号（把题目讲透）。

③ 与加、减运算进行比较，掌握步骤（把题目讲透）。

④ 举一反三，找出所有类型的题目进行比较（如课本 P38 第 7 题）（把题讲活）。

【作业设置】

以书本为主，适当补充练习。

二、如何上好几何课

几何课怎么上？下面以“三角形的中位线”为例，从“同课异构”的角度谈谈个人的体会。

同课异构是指不同的教师面对相同的教材，结合所教学生的学习实际，根据自己的生活经历、知识背景、情感体验做出不同的教学设计，呈现出不同教学风格的课堂，赋予静态教材以生命活力的一种教学形式。同课异构能让我们在比较中反思，在反思中理解教材，领悟教学。下面以“三角形的中位线”为例，进行同课异构的教学研讨，为今后上好这一课提供教学参考，并对同课异构教研活动产生一定的启发作用。

1. 反思一：关注情境创设的意义

镜头一：导入。

教师 A：如图 10，如何测量一个池塘的宽 AB。

学生答：(1) 利用勾股定理。

(2) 利用全等三角形的性质。

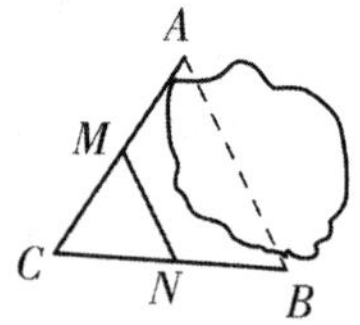

图 10

教师 A：随手画出，肯定他们的做法，并点出其中一位同学的做法。在池塘一侧的平地上选一点 C，再分别找出线段 AC，BC 的中点 M，N，若测出 MN 的长，就可以求出池塘的宽 AB。知道这是为什么吗？

课堂表现：学生想法多，教师能灵活机动地根据学生的课堂生成进行归纳总结，并提出问题，引发思考。

品课：教师经验丰富，能及时根据课堂的变化，灵活归纳知识，真正体现了预设和生成的关系。

教师 B：进行“数格子”游戏，引入新课。

如图 11，点 D，E 处在什么位置？线段 DE 和 BC 有何关系？

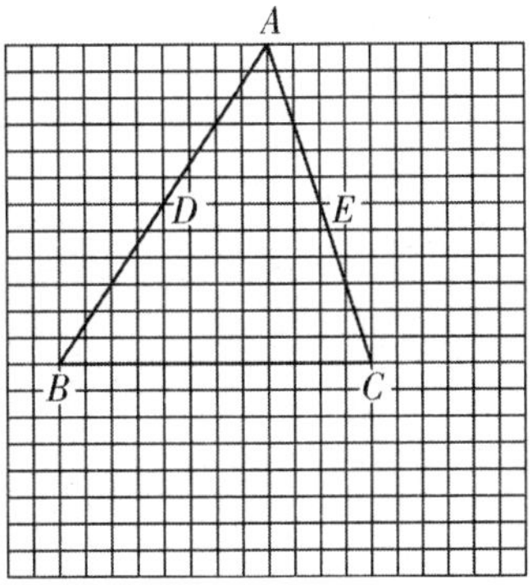

图 11

课堂表现：学生兴趣浓，教师根据学生的回答切入主题。

品课：教师思维活跃，教学具有活力，从学生感兴趣的东西入手，引发共鸣。

2. 反思二：关注学生课堂参与的程度

镜头二：关于中位线的概念的形成。

教师 A：引导学生概括出三角形中位线的概念。

问题：（1）什么是三角形中位线？

（2）如何画出三角形中位线？

（3）三角形有几条中位线？

（4）三角形的中位线与中线有什么区别？

课堂表现：学生动脑思考，并动手填写“导学案”，课堂上呈现师生、生生交流的场景。

品课：以“生”为本，了解学生，读懂学生；教师抓住了知识要点，使知识清晰，一目了然，在实践中让学生快速掌握知识。

教师 B：教师精讲。D，E 是 AB，AC 的中点，连接 DE 的线段是三角形的中位线，类似的线段可以画出 3 条。

课堂表现：教师的讲解清晰，精炼，并在黑板上板演，示范。大部分学生安静听课，并做出反应，但有个别学生无精打采，未能专心听讲，积极思考。

品课：教师讲解精炼到位，示范规范，学生易接受，但个别学生对听“大课”没感觉。教师无法充分调动起全班学生的积极性和主动性，学生参与程度较低。

3. 反思三：关注教师的指导作用

镜头三：关于中位线的证明。

教师A：引导学生探究三角形中位线的性质。

操作：(1) 沿△ABC的中位线DE剪一刀，可得到两个什么图形？

(2) 要把所剪得的两个图形拼成一个平行四边形，可将其中的三角形做怎样的图形变换？

(3) 从上面的操作中，你发现了关于△ABC中位线DE的什么结论？

猜想：如图12，DE是△ABC的中位线，猜想DE与BC的关系。(位置关系与数量关系)

证明：能用几种方法证明你的猜想？和同学交流。

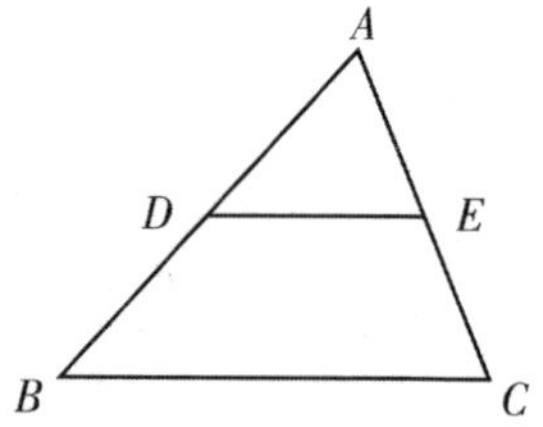

图12

归纳：三角形的中位线定理。

文字语言：三角形的中位线平行于底边，并等于底边的一半。

符号语言：若D，E分别为AB，AC的中点，则$DE /\!/ BC$，$DE=\frac{1}{2}BC$。

课堂表现：课堂活跃，气氛好，学生动脑又动手。

品课：在教师指导下，学生动手操作，目的性强，不是为剪纸而剪纸，而是通过感性认识积累经验，从而进行理性思考，即通过操作，你得到了什么？(三角形中位线的性质及证明方法) 通过书写证明过程发现问题并及时纠错。

教师B：从特殊到一般，发现三角形的中位线的性质。(1) 从等边三角形入手，找DE与BC的关系。(2) 从直角三角形入手，找DE与BC的关系。(3) 猜想：一般三角形DE与BC有何关系？引导学生进行证明(提供思路：截长补短，要求多种方法)。

课堂表现：课堂安静，有序，大部分学生能沿着教师的思路思考。

品课：在课堂教学中注重贯穿数学思想(从特殊到一般)，注重教师的示范作用及学生的学习规范，但忽略了知识的探究过程。

4. 反思四：关注课堂教学的有效性

镜头四：关于三角形中位线的应用。

教师 A：快速检测。

（1）如图 13，E 是平行四边形 $ABCD$ 的 AB 边上的中点，且 $AD=10$ cm，那么 $OE=$______ cm。

（2）如图 14，如果 $AE=\frac{1}{4}AB$，$AD=\frac{1}{4}AC$，$DE=2$ cm，那么 $BC=$________ cm。

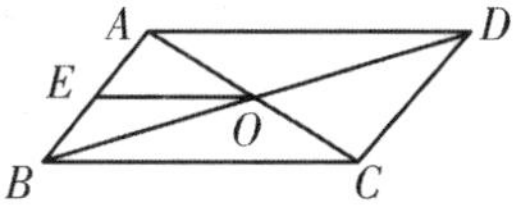

图 13

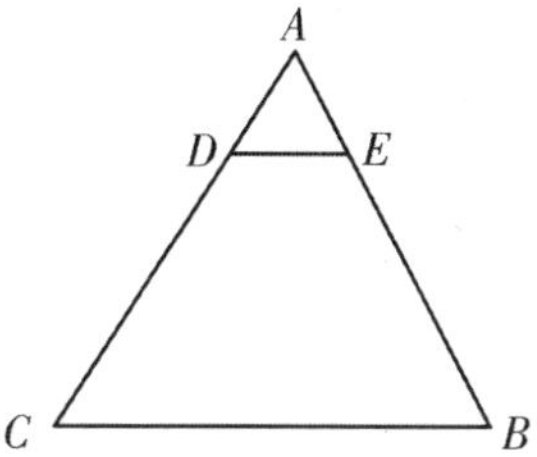

图 14

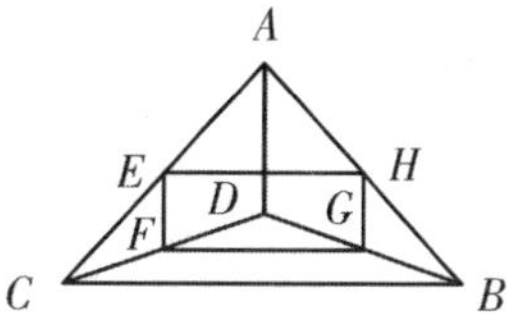

图 15

（3）如图 15，在$\triangle ABC$ 中，E，F，G，H 分别为 AC，CD，BD，AB 的中点，若 $AD=3$，$BC=8$，则四边形 $EFGH$ 的周长是__________。

课堂表现：在评分机制的激励下，学生兴趣浓厚，乐意动手，大部分同学获得满分。

品课：抓住学生的心理特点，使其在竞争和激励中快速消化和掌握知识，课堂教学效果好，但对知识的延伸稍有欠缺。

教师 B：列例题，求证顺次连接四边形各边中点所得的四边形是平行四边形。

练习：如图 16，已知，E 为平行四边形 $ABCD$ 中 DC 边的延长线上一点，且 $CE=DC$，联结 AE，分别交 BC，BD 于点 F，G，联结 AC 交 BD 于 O，联结 OF。求证 $AB=2OF$。

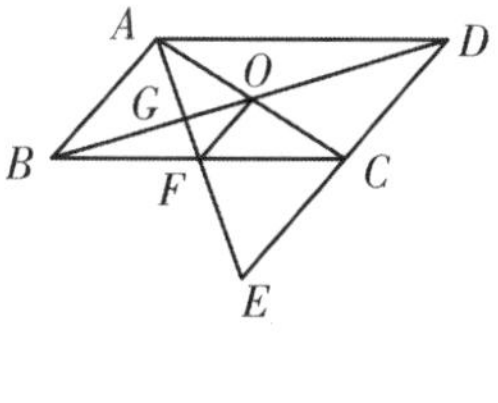

图 16

课堂表现：在讲解例题时，大部分学生能认真听教师的分析与讲解。在练习过程中发现，一部分学生无从下手；一部分学生虽有思路但表达不够规范；一部分学生完全放弃，不想动手。

品课：能对知识点进行引申和拓展，达到应用的目的。但从学生的练习情况发现，课堂教学效果不够理想。

5. 反思五：关注课堂反思的效果

镜头五：小结。

教师A：学生总结与反思。（1）本节课学习了什么？（2）我的收获。（3）我的疑问。

课堂表现：课堂活跃，学生纷纷发言。

品课：师生在讨论中归纳知识，在提问中解决问题。

教师B：教师总结。

（1）三角形中位线的定义。

（2）三角形中位线定理。

（3）三角形中位线定理的作用：不仅给出了中位线与第三边的位置关系，而且给出了它们的数量关系，为今后解决两条线段的位置和数量关系提供了理论依据。

（4）本节课用到的数学方法。

① 线段的倍分要转化为相等问题来解决。

② 三角形的中位线定理的发现过程所用到的数学方法有画图、实验、猜想、分析、归纳等。

课堂表现：课堂有序，学生做了记录。

品课：教师归纳到位，全面，但学生从中吸收了多少有待检验。

6. 反思六：关注课后作业的有效性

镜头六：作业。

教师A：利用“作业套餐”的形式设置3类题目，A类是基础题，B类是提高题，C类是发展题。学生可自主选择“套餐”类型，也可以各种类型自由搭配，因人而异，各取所需。

品课：这样的作业既照顾了学生的个体差异，又有利于不同类型学生的发展，尤其是学困生和学优生，既能让学困生“跳一跳就摘到桃子”，又能让学优生免受“饥饿”之苦。提高了作业效率，促进了学生的知识、思维与能力的发展。

教师B：作业（书本习题）。

品课：对知识起着一定的巩固作用，但未关注全体学生。

与一般的课相比，同课异构讲的是同一教学内容，所以更有可比性。

在教学反思的过程中，大家拥有共同的话题，对问题的探讨也更加深入。通过同课异构活动，可以具体探讨某一类教材的教学方法，相互学习不同的教学理念和教学风格，是一次相互学习、相互借鉴、共同提高的好机会。此类教研活动对于提高教师专业能力具有很好的效果，值得推广。

三、如何上好探究课

以初中数学“$a=bc$ 型数量关系”课为例，对其教学过程的设计与实施进行分析与反思，以期对探究活动课的教学起抛砖引玉的作用。

1. 创设情境，激发探索兴趣

探究点一：从实际生活中，提出问题。

(1) 四人学习小组交流家庭作业。

问题一：在水稻收割前如何估计当年水稻的总产量?

(2) 四人学习小组讨论。

问题二：有一大捆粗细均匀的电线，现要确定其总长度，怎样做比较简捷?

【设计意图】

(1) 布置家庭作业，让同学之间、同学与家长之间，甚至同学与农业专家之间进行交流，对问题一提出解决方案。从而创设问题情境，激发学生探索问题的兴趣，并引导他们主动参与到课堂教学中去。

(2) 在对问题二的讨论设计中，由电线杆的总质量 a、总长度 b 和单位长度质量 c 之间的关系，引出课题——$a=bc$ 型数量关系。

(3) 在对问题一、问题二的解决中，灌输“用部分估计总体”的统计思想。

2. 动手实践，进行问题探究

探究点二：在亲身实践中，讨论问题。

问题三：当矩形的长 b (或宽 c) 为定值时，矩形的面积 A 与宽 c (或长 b) 之间有何关系?

(1) 学习小组活动：拿出事先准备好的 12 块长 4 cm、宽 3 cm 的矩形小方块，按表 1 要求拼成矩形 2、矩形 3、矩形 4，并记录它们面积的变化。

表 1

名称	长 b	宽 c	面积
矩形 1	4cm	3cm	
矩形 2	12cm	3cm	
矩形 3	4cm	12cm	
矩形 4	12cm	12cm	

(2) 学习小组讨论：在活动中比较矩形 1 和其他 3 个矩形的长、宽和面积的倍数关系，并考虑更一般性的情况，从中能够发现什么规律？

表 2

名称	长	宽	面积
矩形 1	b	c	A
矩形 2	kb	c	A1=
矩形 3	b	kc	A2=
矩形 4	kb	kc	A3=

注：k 为整数，且 $k>0$.

根据表 2 完成下面的式子：

A1=________，A2=________，A3=__________。

【设计意图】

(1) 设计问题三，目的在于探索矩形面积 A 和它的长 b、宽 c 三者之间的关系。

(2) 为了让学生直观地理解问题三，设计了拼图活动，使课堂生动有趣，又让学生在“玩”中获得了知识。让学生通过自己动手实践，在摸索中发现 A 与 b、c 之间的关系。

(3) 在对问题三的探索中，灌输从“特殊到一般”的数学思想。

3. 动脑思考，抽象数学模型

探究点三：在讨论交流中，归纳问题。

问题四：$A=bc$，当 c（或 b）为定值时，A 和 b（或 c）有什么关系？

问题五：根据以上小组活动的结果，结合拼出的矩形，归纳出若矩形的面积 A 为定值，矩形的长 b 和宽 c 之间的关系，并填写下列字母的值。

$b_1=$________，$c_1=$________，$b_2=$________，$c_2=$________，$\frac{b_1}{b_2}=$________，$\frac{c_1}{c_2}=$____________。

【设计意图】

(1) 通过小组讨论，全班交流，让学生自己归纳总结出 A、b、c 之间的数量关系，并抽象出数学模型，上升为理论。

(2) 从问题—活动—讨论—总结—应用，让学生在对 $a=bc$ 型数量关系的探索中，了解数学探索活动的一般方法。

(3) 在对 $a=bc$ 型数量关系的探索中，培养学生的自主学习能力、概括归纳能力、逻辑思维能力及探索能力。

4. 讨论交流，指导生产实践

探究点四：在解决问题中，深化问题。

问题六：一个矩形推拉窗的活动窗扇的拉开长度 b 和通风面积 A 有什么关系？并阐述理由。

① 学生独立思考问题六。

② 全班交流问题六的答案。

问题七：在实际生活中还有哪些 $a=bc$ 型数量关系的例子？

① 小组讨论问题七，并请各小组共同编写 $a=bc$ 型的应用题。

② 全班交流小组讨论的结果，并由全班共同解决小组编写的具有代表性的题目。

例如：总价＝单价×货物数量；

利息＝利率×本金；

路程＝速度×时间 。

【典例】

例 1：火车从 A 城到 B 城要 20 小时，提速后只要 12 小时。(1) 火车现在的速度 V 与原来的速度 V_1 之间有何关系？(2) 若火车原来的速度为 75 千米/小时，则现在的速度是多少？(3) 火车现在开 800 千米所用的时间，原来可走多少路程？

例 2：1999 年 11 月 1 日起，全国储蓄存款要征收利息税，税率为 20%，某人于 1999 年 11 月存入人民币若干，年利率为 2.25%，到期时扣去利息税 4.5 元，请问这人存入本金多少元？

【设计意图】

(1) 设计问题六，让学生在解决实际问题中加深对 $a=bc$ 型数量关系的理解。

(2) 设计问题七，对于培养学生从实际问题中抽象出数量关系非常有益，并让学生领会数学知识的具体应用，从而培养学生的应用意识和探索能力。

(3) 在解决实际问题中渗透“观察—归纳—应用”的数学思想。

5. 归纳总结，上升到数学理论

探究点五：在理论升华中，发现问题。

问题八：若 a、b、c 之间有关系 $a=bc$，那么，

① 当 $a=0$ 时，必须且只需：________________。

② 当 $a\neq0$ 时，$b=$________，$c=$__________。

③ 当 c（或 b）为定值时，a 与 b（或 c）之间有什么关系？

④ 当 a（$a\neq0$）为定值时，b 与 c 之间有什么关系？

(1) 学生独立解决问题八。

(2) 全班交流总结问题八，并作为本课的知识点小结。

(3) 布置作业：

① 针对问题八进行社会实践，搜集数据，并做方案设计。

② 结合实际写一篇关于 $a=bc$ 型数量关系应用的小论文。

【设计意图】

(1) 设计问题八是为了归纳本节课的知识要点，同时通过对这一问题的探究，可以提高学生深入分析数学解析式的含义的能力。

(2) 设计两道开放性的家庭作业题，让学生参加社会实践，进行研究性学习，并学会写数学小论文，使探究性活动向纵深发展，达到较高层次。

本节探究性活动课实现了让学生通过实践，自己发现问题，提出问题，思考问题，解决问题，以问题开始，又以问题结束。这就是探究性活动的价值所在。

四、如何上好网络课

信息技术的迅猛发展对传统教学提出了新的挑战，它将改变学校教育和学习方式，导致课堂教学发生深刻变化，同时，也给我们带来更广阔的学习空间。信息技术支持下的教学将成为学校教学的重要组成部分。在信

息技术支持下如何有效地利用现有教学设施，探索学生自主学习、协作学习、探究学习的教学模式，成为广大教师共同关心的一个课题。几年前，我校结合学生的具体实际，开设了信息技术实验班。在教学实践中，我们进行了很多有益的尝试。下面，我就以“三角形的外角和”为例，谈谈如何进行网络课的教学设计？

教学设计思路：利用网络画面生动、传输快、便于交流等特点，把教学内容问题化、具体化、形象化，便于学生自主学习，合作学习，探究学习。

教学方法：网络环境下的指导自主学习

学习路径：厦门集美中学主页—初一网络实验班—数学—自主学习—学案。

教学过程：

1. 教师布置本节课学习任务。

(1) 回顾三角形内角和定理及推导过程。

(2) 探索三角形内角与外角的关系。

(3) 通过多种途径得到三角形的外角和。

2. 访问教师资源库，在教师指导下进行自主学习。

教学资源 1：电子课本。

教学资源 2：学习提示。

问题	自我理解	教师点拨	疑问
(1) 三角形的内角和是多少？		(1) 测量法。(课件) (2) 推导说理。(课件)	
(2) 三角形的外角与内角有何关系？		(1) 画图说明三角形有哪些外角？ (2) 三角形外角与相邻内角有何关系？ (3) 三角形外角与不相邻内角有何关系？	
(3) 三角形的外角和是多少？		(1) 三角形的外角和是指哪几个角之间的和？画图示意。 (2) 三角形的外角和是多少？	

3. 利用"BBS 论坛"进行师生、生生合作学习。打开"BBS 论坛"中的"南熏物语"，师生合作解决疑难问题。

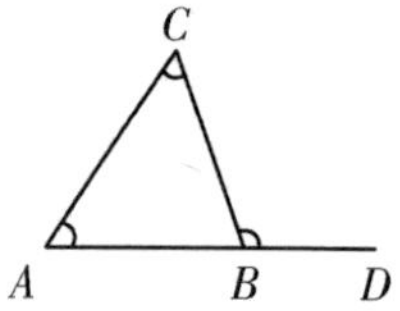

图 17

4. 在网络环境下自主探究，提高能力。

(1) 问题一：三角形外角与不相邻内角之间有何关系？

观察实验：

① 做一做：在一张白纸上画出如图 17 所示的图形，然后把∠ACB、∠BAC 剪下来拼在一起，放到∠CBD 上，看看会出现什么结果，与你的同伴交流一下，结果是否一样。

② 发现结论：________________。

推理论证：________________。

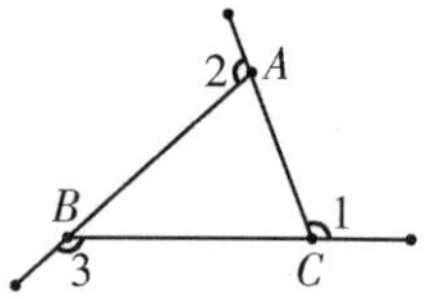

图 18

(2) 问题二：三角形的外角和是多少？

观察实验：课件展示。

推理论证：

提示一：在图 18 中，∠1＋________＝180°，∠2＋________＝180°，∠3＋________＝180°.

三式相加可以得到，

① ∠1＋∠2＋∠3＋________＋________＋________＝________。

② ∠ACB＋∠BAC＋∠ABC＝180°.

将① 与② 相比较，你能得出什么结论？

提示二：在图 19 中，过 A 作 AD∥BC，你能说明这一结论吗？

提示三：在图 18 中，根据三角形外角的性质，

∠1＝________＋________；

∠2＝________＋________；

∠3＝________＋________；

则∠1＋∠2＋∠3＝________＝________度。

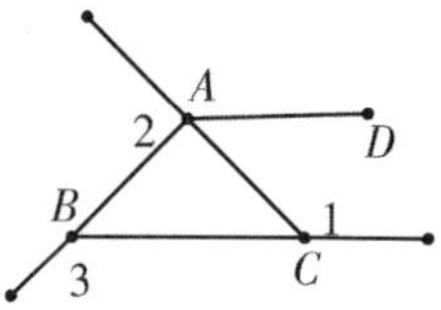

图 19

5. 学习反思。

同学交流学习心得：________________________。

6. 练习。

P50 第 1～3 题。

7. 课后任务。

预习“多边形的内角和与外角和”，并做好预习笔记。

五、如何上好复习课

新课改后中考如何命题？与过去相比有哪些变化呢？我从各省、市课改区收集了多份数学中考考卷进行分析，发现有如下几个变化：①知识考查基础化；②题材选择生活化；③能力要求综合化。随着中考命题的变革，“填鸭式”和“题海战术”等传统的中考复习方法已经不符合时代要求了，与新课改理论相违背。因此，改变传统的数学复习方法，帮助学生从“题海”中走出来，不仅是新课改的要求，更是我们教育者的追求。下面我就从中考数学复习要领的角度来谈一谈中考复习课该怎么上。

1. 吃透教材，回归课堂

从近几年的中考试题来看，试卷中的大部分试题来源于课本。尤其基础题，多是课本上的原题或者由课本中的典型例题改编而来。即使是综合题和压轴题，其解题思路和方法也可以在课本上找到原型。所以，在教师引导下吃透教材、回归课堂是做好中考复习的根本。

（1）重视课本，系统复习

从训练学生阅读教材与理解例题入手，引导他们积极主动地阅读教材，探索例题，做到紧扣教材，夯实基础。通过对课本知识的系统梳理，形成知识网络，对典型问题进行变式训练，达到举一反三、触类旁通的目的。通过阅读教材，系统整理知识，达到以下要求：①能把单元的理论系统及其内涵合上书后从头到尾说一遍；②能把单元复习整理过的中心课题、数学思想合上书后从头到尾也说一遍。③能把典型例题和习题独立分析一遍或者做一遍。

（2）变革课堂，提高效率

传统的中考复习课，通常是教师占用课堂45分钟，把每一个章节自认为重要的定义、定理和题型一股脑儿地罗列出来讲解。这种“灌”的结果是教师紧张，忙碌，学生厌倦，被动，课堂学习效率低，学生两极分化严重。为了改变这种局面，我尝试在课堂教学中力争让学生做到“四个超前”。①超前想：老师写出课题后，让学生在老师讲解之前，想出解决问题的途径和方法。②超前做：老师写出例题后，让学生在老师讲解之前，发现思路，甚至做出结果。③超前总结：老师做完解答后，让学生在老师讲解之前，对解答过程进行反思，做出总结。④超前提问题：老师做出总结后，让学生在老师讲解之前，发现问题，提出问题，并且研究问题。

2. 加强学法指导，培养学生的兴趣

教师要从讲课、复习、做练习（试题）、改试卷、小结等方面，对学生进行学法指导，使学生在学习的每个环节上量力而行，合理利用时间，发挥学习效能；使学生学习得法，增强自信心，培养兴趣，做到事半功倍。

（1）夯实基础，学会分析

每天课后，要求学生通过阅读课本和整理笔记完成两项任务。①深抠理论（概念、定理、公式、法则），理解理论产生的背景和过程，使用的条件，结构特征，本质与功能。②深挖例题。对待一道例题，力争做到：知道怎么做，学会怎么想，懂得为什么要这样做，思考还能怎么想。

例如：

（2005年厦门中考试卷题）：已知函数 $y=\sqrt{-3x-1}-2\sqrt{2}$，求 y 的最小值。

思路：$\sqrt{-3x-1}$ 是二次根式，所以 $-3x-1\geqslant 0$，所以 $x\leqslant -\frac{1}{3}$. 要求 y 的最小值，即求非负数与 $-2\sqrt{2}$ 的和的最小值，则 $\sqrt{-3x-1}$ 应取最小值，因为 $x\leqslant -\frac{1}{3}$，且 x 是整数，所以 x 取最大的负整数 -1 时，$\sqrt{-3x-1}$ 最小，此时 $\sqrt{-3x-1}=\sqrt{2}$，所以本题的答案是 $-\sqrt{2}$.

（2）及时总结，认真反思

尤其要总结考试和作业中的失分题，反思失分的原因是理论失分，技能操作失分，解题思路、方法失分，还是心理因素引起的失分。查明原因，找出改进的方法，并把失分题记在错题本上，力争做到日后“不二错”。随时把做错及不会做的题摘录到错题本上，并时常拿出来巩固。通过不断强化记忆和训练，纠正错误思维。这样，形成不断反思的习惯，不会做的题越来越少，会做的题就会越来越多。

（3）有的放矢，调整心态

从自身实际出发，强化对薄弱知识的复习训练，分析清楚哪些是自己的强项，哪些是自己的弱项，要以强项带弱项，根治知识的盲区、死角。在本学科的重点知识、难点知识、知识技能上多下功夫，应加大“投入”，切忌不分主次，“眉毛胡子一把抓”。针对不同阶段的复习有不同的侧重点，把知识技能的“点”和“线”结成网，形成知识的有机整体。

3. 抓住重点，突破难点

（1）狠抓重点内容，适当练习热点题型

多年来，“方程”“函数”“直线型”一直是中考数学的重点内容。方程思想、函数思想贯穿于试卷始终。另外，开放题、探索题、阅读理解题、方案设计题、动手操作题等也是近几年中考的热点题型。虽然这些中考题大部分来源于课本，但对知识性的要求不同，且题型新颖，背景复杂，文字冗长，不易梳理，所以应重视这方面的学习和训练，以便熟悉、适应这类题型。根据中考的特点，可以从以下几个方面收集资料，进行专项训练：①实际应用型题；②突出科技发展、信息资源的转化的图表信息题；③体现自学能力考查的阅读理解题；④考查学生应变能力的图形变化题、开放性题；⑤考查学生思维能力和创新意识的归纳猜想、操作探究性题；⑥几何代数综合型题。

（2）针对这些题型的解题特点，在平时的教学中要特别重视培养学生的阅读能力、创新探索能力和数学应用能力

平时做题时应做到：①深刻理解知识的本质，加强对自己审题能力的锻炼，做到变更命题的表达形式后不慌不忙，得心应手；②寻求不同的解题途径，变通思维方式，注重自己思维的广阔性，对于同一题目，寻找不同的方法来解，做到一题多解，这样才有利于打破思维定式，开拓思路，优化解题方法。

（3）变换几何图形的位置、形状、大小后能找到图形之间的联系，知道哪些量没变，哪些量已经改变

例如：折叠问题中，折叠前后图形全等是解决问题的关键。实践证明，这种数学复习新观念的落实，能最大限度地改变学生不愿自己阅读教材，不会归纳总结，不会自主探究的毛病，让学生学会学习，学会思考，学会探究，体现了新课改的精神。

六、如何开展课题教学

东北师范大学校长史宁中教授认为，要把数学教学中的“双基”发展为“四基”，即除了“基本数学知识”和“基本数学技能”之外，应加上“基本数学思想”以及“基本数学活动经验”。新加的“基本数学思想”我们已经提倡多年，现已成为中学数学教育的重要目标之一，而有关“基本数学活动经验”方面的研讨正在展开。下面想就这一问题，结合自身的课改实践，谈一点个人看法。

1. 在新教材中引入“课题学习”的意义

（1）“课题学习”的特点

通过认真研读初中数学教材中有关“课题学习”的内容，我发现其主要有以下几个特点。

①“课题学习”材料贴近生活。我们能从现实世界的许多方面寻找到数学概念的影子，并以“课题”形式呈现在学生的面前，让学生惊奇地发现数学原来那么贴近生活，使他们体会到现实世界是数学的丰富源泉，也是数学的归宿，从而激发他们的数学学习热情，并指导他们通过现实背景材料来理解数学概念，发现和解决现实问题。

②“课题学习”的过程体现了“数学化”和“再创造”的思想。弗赖登塔尔认为，人们运用数学的方法观察现实世界，分析研究各种具体现象，并加以整理组织，这个过程就是数学化。“课题学习”就是把现实问题转化为数学问题，然后运用数学知识和方法来解决实际问题。

③“课题学习”体现了建构主义的思想。建构主义认为，数学学习不是学生被动地吸收课本上的现成结论，而是学生亲自参与丰富生动的探索性思维活动，即主动建构知识的过程。“课题学习”就是从“数学现实”出发，在教师的帮助下，自己动手、动脑了解数学，用观察、模仿、实验、猜想等手段收集材料，获得体验，并做类比、分析、归纳，渐渐形成自己的数学知识。

（2）“课题学习”的意义

新课标要求数学课程内容不仅要包括数学的一些现成的结果，还要包括这些结果的形成过程。根据新课标的要求，出现了“课题学习 ”的内容。“课题学习”是数学的实践与综合应用，它对数学学习的过程给予高度的关注，是架构数学基础知识和实际问题的重要手段和途径。在新课标中设置“课题学习”的目的，就是通过课题学习，使学生有更多的实践与探索的机会，通过对挑战性和综合性的课题的解决，经历数学化的过程，体验数学知识的内在联系，并获得研究问题的方法和经验，使学生的思维能力、自主探索与交流的意识和能力得到发展。

(3)“课题学习”的作用

经历“问题情景—建立模型—求解—解释与应用”的基本过程；体验数学知识之间的内在联系，初步形成对数学的整体性认识；获得一些研究问题的方法和经验，发展思维能力，加深对相关数学知识的理解；通过获得成功的体验和克服困难的经历，增强应用数学的自信心。

2. 在“课题学习”中，培养学生的基本活动经验

史宁中教授认为，教育不仅要注重结果，更要重视过程，因为结果教育只是知识的传授和技能的训练，而过程教育才是经验的积累和智慧的生成。因此，在组织学生进行“课题学习”过程中，要特别重视学生探究的过程、思考的过程和反思的过程，因为这是智慧生成的过程。

(1) 更新观念，激发兴趣，注重思考的过程

教师首先要转变自己的观念，转变教学方式，用全新的理念设计教学，组织教学。使学生认识到“课题学习”作为一种教学方式应用于数学概念、定理、公式和解题教学中，让他们在“课题学习”中获取知识，发展能力，从而激发起对“课题学习”的兴趣。因为兴趣是学习的动力，有了兴趣，学生的学习才是主动的，积极的，热烈的。反之，学生对学习没有兴趣，将其视为一种负担，学习效率必然低下，学习效果也不甚理想。事实上，由于“课题学习”内容涉及学生身边的实际问题，学生对教学内容本身是比较感兴趣的，但由于操作过程中分工不明确、费时较多等原因，往往使学生半途而废，导致学生对“课题学习”缺乏兴趣。因此，作为教师，对每一次“课题学习”的内容设计、过程指导、效果评价等方面都要精心设计，走到学生中去，参与学生的学习。如在教学“有趣的七巧板”时，可安排一个让学生运用七巧板拼出“1”与“A”的小组活动。由于学生对图案、模型缺乏了解，因而拼出这两个图案的小组寥寥无几。为了改变这节课给学生造成“七巧板”没有趣的错觉，让每个学生自己上机操作“七巧板”的拼图。由于“有模可依”，每一个学生

都在活动中充分发挥想象力，不但很快把“1”与“A”拼出，而且还把“2”“3”“4”“B”“D”顺利拼出。事实证明，只有当学生对所学内容感兴趣时，他们的学习才是有效的。

（2）全程参与，科学指导，注重探究的过程

“课题学习”是以学生为主体的解决问题的活动，因此教学中要充分发挥学生的主体性。教师可以向学生推荐活动，学生做出选择并参与这些活动。教师要让学生在选择中具有较强的自主性，要让学生独立思考和合作交流，只进行有针对性的指导即可。教师上课时，要首先向学生出示课题，明确课题任务，帮助学生了解所要学习的内容，指导小组长做好分工。由小组长安排组员分别负责方案设计、计算、审核、整理撰写研究结果、发言等，学生根据分工开始探究活动。在指导中，要让学生理解“课题学习”是一种学习，学生要像科学家进行科学研究一样认真学习，通过亲身体验培养科学精神和科学态度。我们要让学生熟悉观察法、实验法、调查法和文献资料查阅法等基本方法，同时也要让他们知道，什么样的课题适合什么样的方法，如学习“拼图与勾股定理”适合采用实验、查阅文献和探究的方法，“拱桥的设计”也适合上述方法，而“猜想、证明与拓广”则适合思辨与探究法等。不仅如此，我们还要对如何观察、实验、调查、查阅资料等进行更为具体的指导。学生往往在“课题学习”的起始阶段表现得热情高涨，但遇到挫折和困难后，热情便会降低。因此，教师在整个“课题学习”的过程中要加强督促指导和检查。

（3）合理评价，提高能力，注重反思的过程

数学评价是数学活动能否真正开展的重要保证。以往数学学科对学生的评价主要取决于学业成绩，教学活动以培养一流的“考生”为目标。而“课题学习”的评价强调内容的多元化和方法的多样化，不仅关注学生的学业成绩，而且关注学生创新精神和实践能力的发展，以及良好的心理素质、学习兴趣与积极情感体验等方面的发展，在此基础上的教学活动是以培养高素质的学生为宗旨的。“课题学习”的评价不仅关注学生的现实表现，更重视全体学生的未来发展，重视每个学生在本人已有水平上的发展，是对学生过去和现在做全面分析，使他们认识自己的优势，激励他们释放自己的发展潜能。同时，“课题学习”评价既要体现共性，更要关心学生的个性，既要关心结果，更要关注过程，注重的是学生学习的主动性、创造性和积极性。评价也可以是多角度的，尤其在对学生的作业进行评价时，可以

让学生在课堂上宣读课题报告，演示成果，让大家畅所欲言，互相取长补短。教师与学生一起总结并提出一些表扬，尽量让每位学生都有获得成功的成就感。这样，他们对下次的课题学习就充满了期盼与信心。教师还可以鼓励学生将自己认为有价值的学习成果打印成册，在班级内展览。教师要适应每个学生不同发展的需要，让每个学生都“动”有所得。成功的“课题学习”应从学生是一个发展着的、有差异的“人”这样一个假设出发，激发并唤起学生的学习兴趣，点燃学生智慧的火花，使学生的探究能力和创新能力得到充分发展。开展“课题学习”是今后教学改革和课程改革的新方向。

七、指导自主学习教学案例

§12.1 平方根（1）

【本课目标】

（一）知识目标

1. 掌握开平方、平方根和算术平方根的意义及表示方法。

2. 理解平方运算与开平方运算是互逆运算的关系。

3. 会用平方运算求非负数的平方根与算术平方根。

（二）能力目标

经历探索开方运算与乘方运算是互为逆运算的过程，学会利用转化的思想方法解决新问题；经历运用数学符号描述开方运算的过程，建立初步的数学符号感，发展抽象思维能力。

（三）情感态度目标

引导学生充分进行交流、讨论与探索等教学活动，培养他们的合作与钻研精神。

【重点难点】

重点：求已知数的平方根。

难点：平方根与算术平方根的联系和区别。

【教学过程】

（一）创设情境，导入新课

为了给玲玲一个好的学习环境，爸爸给玲玲买了一张正方形桌子供她在家做作业。玲玲量了量课桌的边长为 1 米，你能算出这张桌子的周长和面积吗？

如果玲玲告诉爸爸“我想要一张面积约为1平方米的正方形桌子”，请问她爸爸应该为她购置边长为多少的桌子呢？

计算正方形的面积必须要知道正方形的边长，根据边长求面积是乘方运算，而根据面积求边长又是什么运算呢？这节课我们就来探讨这个问题。

（二）师生互动，课堂探究

1. 提出问题，引发讨论

（1）你能求出下列各数的平方吗？

1，3，5，11，0

（2）若已知一个正数的平方为下列各数，你能把这个正数的取值说出来吗？

1，9，25，121

2. 合作探究

$3^2=9$，9是3的________，3是9的________。

$5^2=25$，25是5的________，5是25的________。

（三）导入知识，解释疑难

1. 算术平方根的概念

一般情况下，如果一个正数x的平方等于a，即$x^2=a$，那么这个正数x叫作a的“算术平方根”，a的算术平方根记为$\sqrt{a}$，读作“根号a”，a叫作“被开方数”。规定：0的算术平方根是0.

例1：求下列各数的算术平方根。

（1）900　（2）1　（3）$\frac{49}{64}$　（4）196　（5）0

解：（1）$\because 30^2=900$，故900的算术平方根是30，即$\sqrt{900}=30$.

（2）$\because 1^2=1$，故1的算术平方根是1，即$\sqrt{1}=1$.

（3）$\because \left(\frac{7}{8}\right)^2=\frac{49}{64}$，故$\frac{49}{64}$的算术平方根是$\frac{7}{8}$，即$\sqrt{\frac{49}{64}}=\frac{7}{8}$.

（4）$\because 14^2=196$，故196的算术平方根是14，即$\sqrt{196}=14$.

（5）$\because 0^2=0$，故0的算术平方根是0，即$\sqrt{0}=0$.

2. 平方根的概念

（1）填表。

x^2	1	16	36	49	$\frac{4}{25}$
正数 x（算术平方根）					
x					

（2）平方根的概念。

① 若一个数的平方等于16，这个数是多少，怎样表示呢？

由于 $4^2=16$，$(-4)^2=16$，故平方等于16的数有两个：4和-4. 把4和-4叫作“16的平方根”，记为 $4=\sqrt{16}$，$-4=-\sqrt{16}$.

② 平方根概念。

一般情况下，如果一个数的平方等于 a，那么这个数叫作“a 的平方根”或“二次方根”，即若 $x^2=a$，则 x 为 a 的平方根，记为 $x=\pm\sqrt{a}$. 如3和-3是9的平方根，记为±3是9的平方根，表示为 $\pm3=\pm\sqrt{9}$.

③ 平方运算与开平方运算。

把求一个数 a 的平方根的运算，叫作“开平方”，而平方运算与开平方运算互为逆运算。根据这种运算关系，可以求一个数的平方根。例如：当 $x^2=1$ 时，$x=\pm1$；当 $x^2=16$ 时，$x=\pm4$；当 $x^2=36$ 时，$x=\pm6$；当 $x^2=49$ 时，$x=\pm7$；当 $x^2=\frac{4}{25}$时，$x=\pm\frac{2}{5}$. 依次可记为$\pm\sqrt{1}$，$\pm\sqrt{16}$，$\pm\sqrt{36}$，$\pm\sqrt{49}$，$\pm\sqrt{\frac{4}{25}}$，它们的对应关系如图20所示。

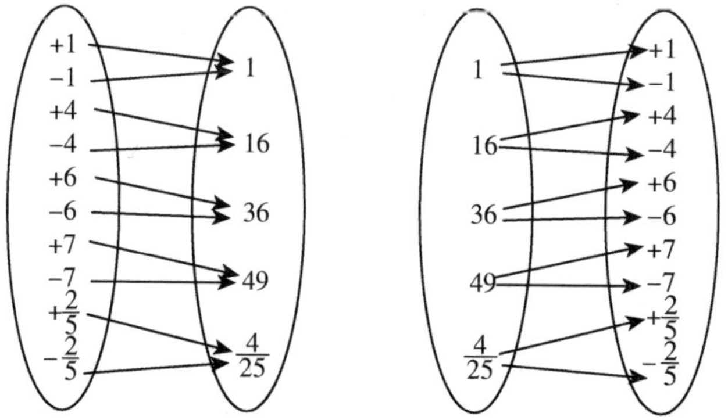

图20

④ 平方根与算术平方根比较。

可归纳出：正数的平方根有两个，它们是一对互为相反数，正的平方根就是算术平方根；0 的平方根是 0，0 的算术平方根也是 0，负数没有平方根。

（四）巩固练习，提高能力

1. 求下列各数的平方根

（1）0.49　（2）$\frac{49}{36}$　（3）81　（4）0　（5）-100

解：（1）因为 $0.7^2=0.49$，$(-0.7)^2=0.49$，所以 0.49 的平方根为 ± 0.7，即 $\pm\sqrt{0.49}=\pm 0.7$.

（2）因为 $\left(\frac{7}{6}\right)^2=\frac{49}{36}$，$\left(-\frac{7}{6}\right)^2=\frac{49}{36}$，所以 $\frac{49}{36}$ 的平方根为 $\pm\frac{7}{6}$，即 $\pm\sqrt{\frac{49}{36}}=\pm\frac{7}{6}$.

（3）因为 $9^2=81$，$(-9)^2=81$，所以 81 的平方根为 ± 9，即 $\pm\sqrt{81}=\pm 9$.

（4）因为 $0^2=0$，所以 0 的平方根为 0，即 $\pm\sqrt{0}=0$.

（5）因为任何数的平方都不小于 0，找不到平方为 -100 的数，故 -100没有平方根。

2. 求下列各式的值

（1）$\sqrt{1.44}$　（2）$-\sqrt{81}$　（3）$\pm\sqrt{\frac{9}{100}}$

解：（1）因为 $1.2^2=1.44$，所以 $\sqrt{1.44}=1.2$.

（2）因为 $9^2=81$，所以 $-\sqrt{81}=-9$.

（3）因为 $\left(\frac{3}{10}\right)^2=\frac{9}{100}$，所以 $\pm\sqrt{\frac{9}{100}}=\pm\frac{3}{10}$.

（五）学习小结

（1）内容小结：平方根（算术平方根）的表示方法和求法。

（2）求一个数的平方根或算术平方根时，常常根据平方运算与开平方运算的互逆关系，利用平方运算求出这个数的平方根。

（六）作业布置：书本习题

§1.1 与数学交朋友（1）

【学习目标】

1. 能感受到数学就在我们身边，在我们的生活中。

2. 初步认识数学与现实世界的密切联系，初步培养收集信息的能力，懂得数学的价值，形成应用数学的意识。

【学习重点】

体会数学与现实世界以及我们的生活密不可分。

【学法指导】

认识生活中的数学，学会用数学眼光看问题。

1. 导学思考

（1）看课本第 2 页，思考：

数学与我们的成长有关系吗？请举两个数学与我们的成长有关的例子。

（2）看课本第 2～3 页，思考：

① 根据课本第 3 页的深圳指数走势图可以知道：这一天指数的总体变化是________的，约________点时指数最低，约________点时指数最高。

② 在课本第 4 页的地砖图中，包括哪些形状的地砖？这些地砖为什么能铺满地面？

③ 举例说明我们的日常生活、娱乐、学习等与数学有怎样的联系？如果一个人没有一点数学知识，将会遇到怎样的麻烦？

通过自学，你还有觉得疑惑不解的问题吗？（如果有请写出来，课堂上认真听老师讲解，看是否能帮助你解决这些问题）

2. 探究新知（请记下课堂上老师强调的重要知识及应注意的问题）

3. 精练反馈

（1）3 个连续奇数的和是 21，它们的积为________。

（2）把长方形剪去一个角，它可能是________边形。

（3）找规律：1，2，4，8，16……，第 100 个数应是________。

（4）在“24 点”游戏中，怎样使数 1，5，5，5 通过运算得到 24？

（5）“英寸”是电视机常用的规格之一，1 英寸约为拇指上面的一节长，那么 6 英寸相当于________的宽度。（写出一个适当的用品）

（6）某商品标价为 165 元，若以 9 折出售，仍能盈利 12.5 元，你能算出这种商品的进价吗？

4. 课后延伸（课后完成）

（1）一个数加上 6，减去 2，除以 5 得 7，那么这个数是________。

（2）如果两个自然数 a，b，$a+b=80$，那么 a 或 b 最大可能是________，最小可能是________。

（3）某商品的进价是 110 元，销售价是 132 元，则此商品的利润率是________。

（4）找规律：$\frac{1}{2}$，$\frac{2}{5}$，$\frac{3}{10}$，$\frac{4}{17}$，$\frac{5}{26}$，________，________，第 15 个数是________。

（5）图 21 是某地一天的气温变化图。根据下图回答：

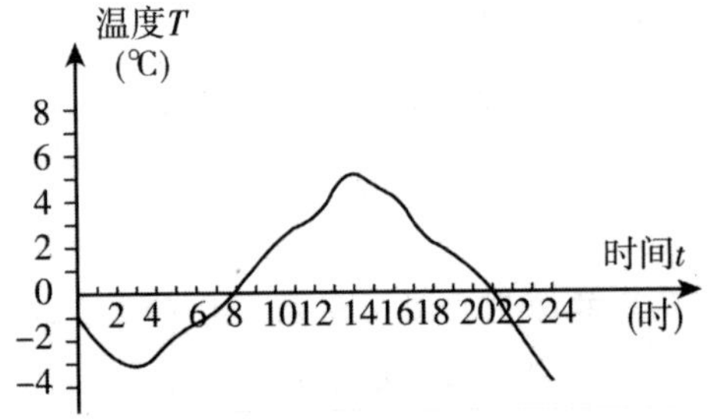

图 21

① 这一天中，________时的气温最低，________时的气温最高。

② 这天的 6 点时气温约是________，20 点时气温约是________。

（6）要把面值为 10 元的一张人民币换成零钱，现有足够的面值为 2 元和 1 元的人民币，则共有________种换法。

（7）某商店规定：用 3 个空饮料瓶可换一瓶饮料，小华买了 10 瓶饮料，喝完后用空瓶去换，小华一共可以喝到________瓶饮料。

（8）课本习题第 1～4 题。

5. 课后反思（学习心得）

第四章 指导自主学习教学反思

第一节　指导自主学习的教学感悟

一、感悟“教育的自然、文明与理性”

吉林省第二实验学校校长关尚敏在《教育的自然、文明与理性——谈中小学德育方法与内容的建构》中谈到，我们的教育面向两个世界，一个是科学世界，一个是生活世界。从人的理性出发，教育必须走向科学世界；从人的生命出发，教育必须走向生活世界。所以，她提倡教育必须自然、文明与理性：自然——源于生活的教育，文明——尊重生命的教育，理性——注重方法的教育。

她的观点引发我的思考，我们当前的教育“自然、文明与理性”吗？作为教师，我们该从何做起？下面这些教育理念值得我们思考。

1. 教育是使生命成长的事业

① 在无法改变孩子的时候就去改变自己。

② 在细小琐碎的小事中寻求教育的灵性。

2. 平等、尊重、热爱是最基本的学生观

① 有学生情结才有教育情节。

② 让学生明明白白地成长。

3. 让孩子在人生的经历和体验中学会反思和完善

成长是快乐的，成长是自主的，成长是互动的，成长是超越的。

4. 基本文明习惯的养成是德育不可或缺的组成部分

① 每一项活动都是文明养成的载体（为文明健康而操练，为快乐和谐而歌唱）。

② 每一块墙壁都是文明生长的地方。

③ 每一个孩子都代表学校的文明形象。

我们现在做的的确还不够好，但值得庆幸的是，我们的学校——厦门集美中学正朝着这一方向在努力，并且以上教育理念也是我们的校长正在倡导的。

二、认识新课改，做明明白白的教育人

1. 基本理念

让学生全面而有个性地发展，强调情感、态度、价值观，强调获得知识的过程，强调问题、探究，强调选择。在这种理念的支撑下，作为一线教师应该有所改变，不能再用旧的教育理念和模式来教学生，要对原有的教育思想和教学方法进行反思、改变、提升。

新课改环境下，教师角色发生了根本性的变化。第一，由维持型向创造型转变：维持型教师只维持固有的、已知的经验和原则，而创造型教师是勇于探索、积极创新、不断超越的。第二，由本体型向指导型转变：本体型教师以传授知识为本，尤其注重学生对书本知识的学习；而指导型教师在传授知识的同时更强调对学生学习方法和成长中的困惑的指导。第三，由再现型向研究型转变：再现型教师只是再现知识，教学以课堂与书本为中心，强调灌输式和注入式教学；研究型教师关注现实和学科教学发展前沿，把教学和研究结合在一起。第四，由单一型向全面型转变：单一型教师只教一两门课，只能适应应试教育的要求；全面型教师知识渊博，多才多艺，全面发展，既是学者和教学者，又是交往者和决策者。这些转变要求教师不断地学习，在学习中发展和完善自己，以适应新课改的需要。

2. 课改大方向

大方向的变化：以知识为本（过去）；以人为本（现在）。（史宁中教授提出）

以知识为本：关注知识的传授，关注学生是否接受，推崇凯洛夫的“三中心”论，即课堂、教科书、教师。

以人为本：关注学生的全面成长，培养合格的人，推行素质教育；站在受教育者的立场思考，倡导尊重的教育。

新课改环境下教师的新追求：努力成为一名好的教师（热爱教育事业，认为从事教育工作是人生价值的体现，是兴趣之所在）。

3. 数学学科的最大变化

由“双基”到“四基”，即基础知识、基本技能 + 基本思想、基本经验。

由“两能”到“四能”，即发现问题、提出问题 + 分析问题、解决问题。(史宁中教授提出)

(1) 关于经验的积累（基本活动经验）

传统的教育重视知识的传授和技能的训练。知识在本质上是一种结果，可以是经验的结果，也可以是思考的结果。素质教育不仅重视知识，也重视智慧。智慧并不表现在经验的结果上，也不表现在思考的结果上，而表现在经验的过程中，表现在思考的过程中。

过程的教育就是经验的积累。过程的教育不仅仅是指在授课时要讲解或让学生经历知识产生的过程，甚至不是指知识的呈现方式，而是注重学生探究的过程，思考的过程，反思的过程。因此，组织学生开展学习活动是必要的。

(2) 关于思维的训练（基本思想）

许多教师习惯于反复训练，有的学校要求教师训练学生做到“一看就会，一做就对”。这种学习有思考吗？没有思考就没有思维的训练。

过去的教育重视演绎——基础知识（概念记忆与命题理解）扎实，基本技能（证明技能与运算技能）熟练；重视基本功——知识记忆；重视操作技能——熟能生巧。

还缺少什么？根据情况“预测结果”的能力；根据结果“探究成因”的能力。

正如杨振宁曾在他的《我的生平》中写的：“我很有幸能够在两个具有不同文化背景的国度里学习和工作，我在中国学到了演绎能力，我在美国学到了归纳能力。”

4. 新课改数学教学的着力点

(1) 培养学生的学习兴趣。在情境中展开教学内容，讲背景，改善教学内容的呈现方式。

(2) 采用启发式教学法，摒弃“满堂灌”。

(3) 强调活动。教学活动是思维的活动，其中一个指标是，看学生有没有主动的高水平的思维活动。重操作，轻思维，不可取。学习需要学习者的亲身体验，亲身感受。教学的根本目的是提高学生的能力。

(4) 从“问题”开始，以“问题”引导教学过程。“问题”是教学的心脏，教学应当从“问题”开始，以“问题链”的方式组织教学内容，以

“问题”引导教学过程。“问题”是引导学生开展学习活动、参与教学过程的动力。

(5) 暴露思维过程，坚持“推迟判断”的教学策略。教学必须讲“过程”，坚持“推迟判断”，不要轻易“捅破窗户纸”。有时，没有结论的过程可能比教师给一个现成的结论好。讲“是什么”，更要讲“为什么”——对学习困难的学生更是如此。要讲道理，少强加于人。

(6) 提倡教学民主，正确处理“预设”与“生成”的关系。要尊重学生的认知心理过程，让学生把话讲完，注意倾听。不要扑灭学生思维的火花。关注学生的学习行为，重视学生在课堂教学中的参与度。教学民主需要教师挑战自我，让自己活动在能力的边缘，让学生活动在自己的思维中(能力最近发展区)。

(7) 对于学生力所能及的事要引导学生自己去做。好的教师是“想”给学生“听”，差的教师是“做”给学生“看”。想一想，什么是教师该做的？什么是该让学生自己做的？在教师与学生之间，教师永远是外因，学生是内因，外因只有通过内因才能起作用。不是自己的知识是无用的知识。教师掌握的知识再多，如果不能成为学生的知识，就是无用的。

(8) 授人以“鱼”，更要授人以“渔”。不仅要教学生“学什么”，更要教学生“怎样学”，不仅要注意知识教学，更要注意思维方法的教学。

(9) 多元联系表示，提倡变式教学。通过对同一个问题的不同形式的表示，从各个不同的角度认识、把握事物的本质，以便迁移，运用。要帮助学生建立一个好的知识结构，不成系统的知识结构不是好的知识结构。

(10) 发挥工具(包括信息技术)在教学中的作用。任何可以增强教学效果的工具、手段、方法等都应该努力拿来用，不要忽视信息技术在增强教学效果方面的作用。

三、谈课堂教学的体会

课堂教学是学校教育的重要形式，是学生通过教师引导，学习知识，掌握学习方法的主要阵地。课堂教学质量的好坏，关系到学生的成长问题，关系到人才培育问题。教师具备丰富的知识，把握课堂教学的金科玉律是教好书、育好人的关键。但没有人是天生能师、名师，每个人都是从初出茅庐走过来的，我也是如此。刚踏上讲台的那几年，我虽有万丈雄心，却遭遇百般挫折。学生喜欢我，但成绩不如预期。在失败中成长，在失败中总结。在课堂教学中，我们常常会走进这样那样的“误区”，影响课堂教学的质量，现将这些“误区”浅议于后，与大家共勉。

误区一：拔高教学要求。

对课堂教学内容进行拓展延伸，或是在对学生提出的疑难问题进行讲解时，不知不觉中拔高了要求，运用了更高的知识。没有把握住新课标的要求，没有考虑到学生知识结构的局限性，使学生听得云里雾里，问题不但没有解决，还越来越多。学生满脑子问号，似懂非懂。

建议：换位思考，站在学生的角度去备课、授课；多考虑课堂教学的有效性（大多数同学能听懂）。

误区二：内容安排过多，重点不突出。

在数学教学中，每一个阶段都有训练重点，每一节课都有教学重点。教师们往往怕顾此失彼，希望面面俱到，力求完美，结果却适得其反。学生在每个方面都涉足了，却都没学精、学牢，对于重点知识，知其然，不知其所以然。

建议：突出重点，精讲精练（一节课力求解决好两三个问题）。

误区三：低估学生，讲多练少，学习方法指导不够。

教师讲得太多，学生练得太少，究其根本原因是教师低估了学生的能力。学生掌握的知识虽然有局限性，但对于教材上的知识点，学生通过积极动手动脑，通过合作探究，是能找出一些解决问题的方法的。我们要相信学生。

建议：(1) 相信学生，把时间还给学生，一节课讲 20 分钟左右即可。(2) 加强学法指导（抓习惯与规范，如预习习惯、听课习惯、作业习惯、纠错习惯、反思习惯等）。(3) 教师的角色是组织者、引导者、服务者。

误区四：提问不精，要求不清。

提问不精在教师中具有广泛性，教师在课堂教学中不经意间就会犯错。课堂教学中的提问不是简单的判断题，它是对学生学习探究方向的引领。提问太简单容易造成学生回答问题随意性大的现象发生；问题太深，学生通过认真学习都回答不出，容易造成“冷堂”，挫伤学生动手、动脑、口答的积极性。

提问和要求是互相联系的。一般来说，提问的同时，也就对学生解决问题的思路进行了规范要求，避免其闯入误区。学生带着精确的问题，在明确的要求下进行探究学习，能提高学习效率。

建议：提问要具有普遍性、针对性和思考性，且对学生的学习探究方向起引领作用。

误区五：课堂练习没有针对性，课外练习不到位。

教师在指导完学法后让学生去做练习题，学生错了再做，直到做对为止。而过后，教师并没有根据批阅中发现的普遍性问题或代表性问题进行集体纠正，这样就不能达到查漏补缺的目的。更有甚者，新内容与旧内容交替太多，淡化了学生对新知识的理解。另外，课外巩固练习不到位也是教学质量无法提高的重要因素。德国著名心理学家艾宾浩斯的“遗忘曲线”描绘得很清楚，儿童记忆得快，忘得也快，必须对所学知识进行巩固。由此可见，课外巩固练习有其必要性。

建议：教师对于作业、练习，必须做到发（布）必收，收必改，改必评，评必励，错必纠。（每天面批几个学生，要求每个学生都有错题本，重视分层布置作业）

或许每个人都有误区，并且每个人的误区不一样。认识误区是走出误区的前提，走出误区不在一朝一夕，是要经过自身的努力，逐步进行的。所以，不要急，慢慢来。

那么，作为教师如何真正把握好课堂，把备课的设计与创意转化为学生的实际收获呢？下面我谈几点体会。

1. 吸引注意

注意是学习的第一个窗口。它是感知的基础，是认真听课、正确理解、提高效率、保证质量的必要条件。学生的学习注意力是在学习中逐步形成的，教师一上课就要千方百计地吸引学生，保证学生把注意力放到课堂上。

（1）上课前，教师要提前2分钟来到教室门口，让学生安静下来并做好上课的物质准备与心理准备。

（2）精神饱满地登上讲台。学生的眼睛是亮的，感觉是敏锐的。经常见面的教师精神抖擞、满面春风地走上讲台，会引起学生的注意，也就能轻松地吸引学生。

（3）教师要留意学生的心理活动，及时转移注意力。

① 起立，师生问好，行礼，把学生分散的注意力集中起来。

② 调整情绪，从容开讲。不论教师自身有什么不好的心情，都不要带

到教室内。

③ 用出色的开场白导入学习。教师要用猜谜语、讲故事、说趣闻、做实验等巧妙的导入来调动学生的积极性，创造出各种与课堂教学目标相对应的情境，引起学生的兴趣，使他们产生一种急于学习的心理。传统的“今天我们来学习这一课”等单调的导入会让学生感到枯燥无味或产生厌倦的心理。

④ 注意运用复述法、总结法、悬念法、任务法等不同的方法结束课堂教学。

2. 课堂控制

无论教案准备得多么充分，课堂上总会出现一些意外的情况，这些意外有的是我们所期望的，有的可能不是，这个时候需要机智的处理。

(1) 控制感情。假如学生的表现背离了教师的期望，特别是出现了严重的差错的时候，教师要控制感情，不要发脾气。静下心来想一想：学生为什么会这样想？这样的想法有没有合理的成分？这样的错误有没有利用的价值？我的教法还有哪些值得改进的地方？

(2) 控制程序。整个课堂可以分为目标导入环节、自学探究环节、合作交流环节、反馈矫正环节、拓展引申环节等，要留意不同内容与课型，用不同的顺序来展开，常用的有问题—探究—交流—小结—应用、情境—体验—表达—延伸、整体—部分—整体、局部—整体—局部等。当学生的活动打乱了预定的程序的时候，教师要及时对教学程序与时间做出相应的调整。

(3) 控制方法。讲重点，讲难点，讲学生易错、易混、易漏的知识点。学生已经会的不讲，学生自己能学会的不讲，讲也学不会的不讲。

(4) 控制容量。对不同类型的学生的要求应当有所不同，让优秀的学生有发展，有提高；让基础差的学生学会最基本的东西。可以考虑设置选择性的学习任务。

(5) 控制难度。同一个知识点、能力点的难度要有所控制，时常想一想：哪些学生能学有余力？哪些学生学起来吃力？要注意把难度控制在学生“跳一跳就能够得着”的范围之内。

3. 创造气氛

课堂气氛是指课堂教与学所营造出来的特定氛围。它可能是活跃的，也可能是沉闷的，可能是有序的，也可能是混乱的。良好的课堂气氛，是指在课堂教学中，师生群体所表现出来的积极的情绪状态。好的课堂气氛应当是既生动活泼又井然有序，既独立思考又认真交流，既有课上的满足收获又有课下的主动探索的。

（1）用自己美好的形象与热诚去创造课堂气氛。

（2）除平常了解学生的爱好、特长外，课上要运用语言、手势、眼神等多种方式与学生交流，让每个学生都感受到老师在关注自己。

（3）组织活动时，要建立学习规范。如专心想，积极说，仔细听，认真做。

（4）每隔15分钟左右，要留心学生的兴奋状况。既不要让课堂过于沉闷，又不要让学生过度兴奋，以致出现混乱和失控的状况。

（5）对于表现欲特别强的学生，要给他们设置一些有挑战性的问题，使他们能够静下心来思考。

（6）对于性格内向、不善于表达的学生，可以提前跟他们约好课上要提问的问题，让他们能够在上课时集中精力，动脑想，动口说，动手做，给他们展示自己的机会。

4. 激发兴趣

（1）要专心设计主导性的问题，牵动整个课堂，使学生进入一种特定的情境或急于知道问题的奥妙。

（2）课堂展开的步骤与环节符合学生接受与发现的心理，设置的几个板块之间要清楚、自然、连贯。

（3）学习内容要适当联系学生的生活、道德、心理等实际，让他们感觉到学习的知识就在自己的生活中，感觉学习是有趣的，有用的。

（4）对学生的良好表现，要给予即时性评价，用语要具体，起到激励的作用。

（5）对学习困难的学生要给予特殊的关照，进行有针对性的个别化教学。

5. 发挥主导作用

（1）始终把学生浓厚的兴趣、饱满的情绪、良好的习惯、有效的学习方法当作教学的目标去追求，体现在每一节课上。

（2）教师要充分了解学生学习的现有基础，贯彻“因学定教”的原则，抓住重点、难点，将教学的起点确立在学生能接受的范围内。

（3）教师要把主要精力放在学生身上，根据课堂情况进行灵活调节。

（4）课堂活动要让学生做到眼到，手到，心到。

（5）要重视激发学生的质疑能力，并组织有效的讨论。

（6）一节课要精心创设1个出色之处，达到让学生在此处精神最兴奋，情绪最高涨，思维最活跃，动手最投入，表达最迫切。

（7）精心设计变式练习的量与度，用亲切、生动、活泼的材料引起学生的思考与动手做的兴趣。

（8）在知识的小结处，有意识地引导学生说说自己的感想、发现。

一堂好课的标准：听完这节课，学生是否更喜欢你，更喜欢你教的学科。

让我们共同朝着这一方向努力吧！

第二节　指导自主学习的教学反思

一、如何实现教师的自我教育

1. 以他人为“镜”，自我反思

自我反思与觉醒是自我教育的前提，孔子说：“三人行，必有我师焉，择其善者而从之，其不善者而改之。”他认为贤与不贤均可为人师，关键是自己要独立思考，善于辨别。当前，国家正大力倡导推行新课改。在教改专家的指导下，教师队伍中涌现出大批优秀的先行者，他们有理论，有实践。我们应该时时以他们为“镜”，不断地进行自我反思，反思自己的知识体系、教学方法与能力等，寻找差距。针对自己的不足，向优秀教师学习，不断提高自己的理论水平，学习他们切实可行的课改经验，提高自己的教育教学能力。

2. 以学生为“镜”，自我评价

自我评价和定位是自我教育的基础，实事求是地评价自己是自我教育、自我完善的重要途径之一。对教师而言，学生是教育的对象，学生的成长是教师最大的成就。因此，面对新课改，教师需要关注的就是学生。全班几十名学生，他们的智慧是无穷的。教师要主动虚心地向学生学习，鼓励学生敢于考教师，给教师出难题，培养学生好问、善思、自学的好习惯，以此促进教师知困自强。同时提倡师生平等，鼓励学生批评教师，教师自觉接受学生监督。只有以学生为“镜”，才能让教师真正地认识自己，评价自己。教师要在不断学习中进行批判性的反思，加强自己接受继续教育的主动性，获得真正意义上的发展。

3. 以自我为“镜”，自我超越

自我否定与强化是自我教育的关键。新课改实质上是对传统的教育教学观念、思维方式、课堂管理进行的一次前所未有的改革。因此，教师要经常反思“旧我”，将现实的“我”与过去的“我”相比较，总结过去的经验教训。如写教学日记、反复观看自己的录像课等，都是自我教育、提高教学质量的好方法。将现实的“我”与将来的“我”（即理想的“我”）相比较，不断给自己树立新的目标，找出差距，激发自己不断进取，实现自我超越。

4. 以教育实践为“镜”，自我创新

自我实践与体验是自我教育的保证。教师通过向书本学习，向他人学习，向学生学习，产生新的教育思想观念，学得许多好经验，再与自我比较，找到差距。自己提出了新的奋斗目标，形成了新的想法和计划，只有通过教育教学实践，才能检验是否正确，从而不断修正完善，将知识转化为教育教学能力，经过反复的实践，形成自己独特的行之有效的教学风格，这就是自我创新。

总之，在新课改环境下，教师只有在自我驱动、自我监控、自我考评、自我发展的过程中，不断地否定现实的自我，促进现实自我向理想自我转化，才能不断地发展和进步。

二、数学学习中学生之间的差异在哪里

在平时的教学中，老师们经常说：“同样的老师，同样的时间，同样的课堂，怎么学生的学习成绩差异这么大呀!”这就是数学学习中学生之间的差异，即数学学习质量的差异。那么，差异究竟在哪里呢?

据调查分析，我觉得学生数学学习的主要差异分布在三个层面：一是学习的记忆因素，二是学习的理解因素，三是学习的策略因素。从整体上看，学优生的数学认知目标结构处于策略水平，中等生的数学认知目标结

构处于理解水平，学困生的数学认知目标结构处于记忆水平。三类学生数学学习的差异，从根本上说是元认知的差异。因此，提高学生数学水平的关键是提高数学元认知能力。

现代心理学把人的认知活动划分为两类——认知和元认知。所谓认知是指对客观事物的特征及事物间联系的反映，其对象是有关问题、资料等具体的信息，其过程是对这些信息进行编码、储存、提取、应用等具体操作；而元认知就是对认知的认知，是个人对自己认知加工过程的自我觉察，自我评价，自我调节。从更为广泛的角度看，元认知是任何以认知过程与认知结果为对象的知识，或是任何调节认知过程的认知活动。元认知活动表现为对认知活动的计划、支配、监督和调控。在数学活动中，概念的理解、定理的记忆、命题的证明等活动属于认知活动，而怎样理解、如何记忆、解题策略的选择、步骤的规划、结果的评价等属于元认知活动。

反观我们的教育教学活动，我们是否对学生的认知活动关注过多，而对学生的元认知活动关注的少了？所以，提高学生数学学习质量的关键是提高数学元认知能力，对不同层次的学生进行不同层面的元认知能力训练。对学困生，应该从提高他们的记忆水平开始，讲授数学学习的基本策略知识，如一些记忆的方法等；对中等生，要从提高他们的理解力入手，引导学生多掌握分析问题的方式、方法，即提高解决问题的能力；对学优生，要从学习策略的培养入手，培养学生如何进行有效学习，如何提高学习质量。进行学习策略意识教育，如预习策略、听课策略、复习策略、解题策略等。

三、面对学困生，谁该反思

在平时的教学中，教师常抱怨："学生怎么这么差，连这么简单的问题都听不懂?"那么，面对学困生，究竟谁该反思?

三件小事引发了我的思考。

小事之一：新学期第一次上课前，先调整学生座位。我重点调整了个子矮又坐在后面的同学的座位。正式上课后，我发现一位同学一直低着头，不看黑板，后来发现他正在看小说。我没收了他的小说，下课找他谈话。他气鼓鼓地冲我说："同学们都说，你不理我。"仔细询问后，才知道他认为自己应该被调整座位，而我没有注意到他，所以他想用看小说来报复我。

小事之二：我检查作业时，发现有的学生没有完成，要求他们重做一遍。第二天再次检查时，有一位同学整整齐齐地把作业交了上来，但只是把题目抄了一遍，该填、该写、该改的地方都没动。

小事之三：上课提问某位同学，他站起来说："老师，我没有听清楚。"我再次重复问题，他却说不会或没想好。

这三件小事发生在我所任教的班级里同一名学生身上。大多数人应该已经猜到，他就是所谓的学困生。他让我们看到的似乎都是缺点和问题，学习成绩差，注意力分散，上课纪律不好，脑子反应迟钝。学困生是学校教育的重点对象，而作为教师的我们是否真正关注过他们，分析过他们，继而采取有效的办法帮助他们呢？我们应该反思。

教师眼中的学困生之所以有这么多的缺点和不足，是由于教师习惯用一个标准去衡量学生。例如：衡量学生的发展，只拿考试成绩做标准；衡量学生的学习方式是否正确，只用上课是否乖乖地听课，是否遵守纪律作为唯一的标准；衡量学生是否聪明，只用反应速度的快慢作为标准。而事实上，衡量学生不是单单只有学习成绩一个标准，还有学习态度、学习情感、学习习惯以及学习的价值观等。因此，我觉得教师应该换一种思维方式来认识学困生。比如，有的学生上课注意力分散，那么他可能是一个发散性思维比较好的学生；有的学生写作业很拖沓，他可能是一个仔细周全的人；有的学生非常懒惰，他可能是个非常放松的学生。换一种角度去看学生的缺点，就会发现那也是一种积极的品质，就会对学生产生很多好的期望，从而促进学生的发展。因此，我从另一个角度对这位同学进行了分析。由调座位事件，我意识到，他迫切希望老师关注他，尊重他；课后作业不缺交，而且能按老师的要求一次次重做（虽然只是抄题目），说明他学习上有困难，但还具备上进心，需要老师的帮助；老师上课提问，他心不在焉，说明常规的课堂教学并不能吸引他，导致他缺乏回答问题的信心和勇气。通过对这位学困生的个案分析，我认识到，学困生被人看到的多是缺点和毛病，而那些潜在的积极因素往往被埋没掉，或不被注意，因此教师不能采取有效的方法去帮助他们。要创造适合学困生的教育模式，教师必须重新认识学困生，反思自己的教育教学方式。

创造适合学困生的教育模式，我觉得应该从人的自身出发。教学的对象是一个活生生的发展中的人，学困生也是如此，他们具有鲜明的个性。因此，对学困生的教育要以激发他们的情感，培养他们的学习动机和学习兴趣，使其养成顽强的学习意志和良好的学习习惯为目标，从而更好地调动其内在的驱动力。下面介绍我在平常教学中总结出来的几点认识。

1. 平等对待，呵护自尊

苏联著名教育家苏霍姆林斯基说过，如果一个人从儿童时代起就缺乏自尊心，那对他还有什么指望呢？所以，平等对待，呵护自尊对学生的发展至关重要。特别对于学困生来说，教师应该努力设身处地地为他们着想，想想他们的困境，想想他们内心的期望，想想他们处于学习困难中的滋味。只有这样，教师才能放下“先生”的架子，正常地和学困生交往，真正把学困生当朋友，在教学过程中与他们一起成长。

2. 创造机会，鼓励成功

教育的目的是促进学生主动地发展。有句话说得好：“成功，是成功推动的。”一个孩子如果一连几次考试不及格，就似乎向自己的命运妥协了，觉得什么都无所谓，而且这种无所谓成了大家的笑柄，正是这一点成了他们不想学习的原因。因此，多给学困生创造成功的机会尤其重要。

3. 扬长避短，增强自信

《礼记·学记》中有句名言：“教也者，长善而救其失者也。”其含义是，教育者的作用是发扬学生的优点，补足他们的缺点。这样就能让学生对自己充满信心，使周围的人对其充满希望。学困生常因考试成绩差，被认为“差”“后进”“笨”，导致他们对这种不公平的评价表示出不满、反抗，甚至对自己一生的发展都丧失了信心。因此，多去挖掘学困生的潜能，发现他们的优点，捕捉他们身上的“闪光点”，利用课堂、课外活动或社会实践等机会，帮助他们发扬自身的“闪光点”，并及时给予赞许和表扬，以激励他们进取，对于增强他们的自信心非常重要。

4. 消除障碍，给予帮助

学困生要取得进步不容易，免不了会遇到很多的“不如意”“不顺心”。这些挫折常常会影响他们学习的积极性，教师要密切注意，适当给予帮助。

5. 调查研究，对症下药

通过调查研究，找到学困生学习困难的原因，然后对症下药，这是创造适合学困生的教育方式的关键。学困生大致可以分为三类：第一类是认知障碍型，即在认识问题的能力和方法上有偏差，思路不对，导致学习困难；第二类是情意障碍型，即学习非智力因素有问题，如兴趣匮乏、情绪急躁、意志薄弱等，导致学习困难；第三类是技能障碍型，即学习的方式不对，基本功不扎实，导致学习困难。针对这三种类型产生的不同原因，教师应该具体问题具体分析，对症下药，设计出不同的教育教学方法，帮助学困生。

四、面对学困生，该关注什么

案例1：语文课上，张老师听写生字，王同学有一个字写错了，写作业时又错了，第二天考试再错。张老师非常生气，在办公室大发雷霆，批评王同学说："你怎么连一个字都写不对？真是猪脑、呆子，回去加写500遍。"

案例2：一天，上数学课时，一位学生干部突然跑到办公室来，上气不接下气地说："王老师，不好了，小明上课讲话，挨了老师的批评，他不服，当众与老师顶撞起来。老师叫他到办公室来，他不听，弄得教室里充满'火药'味，没法上课了。"班主任王老师当即冲到教室，将这个家伙"请"到办公室，不由分说地狠狠训了他一顿："别人在干什么，你又在干什么？违反了纪律，还不许老师说你，谁给了你这么大的特权？你是哪个王爷、侯爷的儿子，敢如此嚣张？下课后马上向数学老师认个错。"

这是发生在教师办公室同一天的两件事，大家都能看出被批评的学生是学困生。我们不禁会问，教师的这种教育方式究竟效果如何？面对学困生，教师究竟该关注他们什么？

1. 案例分析

案例1老师观点：王同学学习不用功，并且一错再错，执迷不悟，我这样做的目的就是要让他有深刻的印象，今后能更主动地投入学习。

专家对案例1的透视：张老师的做法虽然能让王同学有刻骨铭心的印象，也许让他一辈子都能记住这个字。但是张老师作为教师没有考虑到学生的切身感受。经过这件事后，学生还能对语文课感兴趣吗？还能对写字感兴趣吗？对老师还有信任和好感吗？如果答案是否定的，这样做未免代价太大了！

案例2老师观点：上课时，老师批评学生，即便老师错了，冤枉学生了，学生也不能当场顶撞老师，必须保留意见，顾全大局，下课后再找老师解释。这样，老师才能体现出威严，才能把学生镇住。

专家对案例2的透视：班主任老师在还没有弄明白具体情况时就一股脑儿地批评学生，而且还要求学生承认错误。这样做能让学生服气吗？能保护学生的尊严吗？

面对学困生的执迷不悟、一错再错，教师很容易冲动。有时候，一句不恰当的批评就会导致师生关系恶化，以致后续教育难以进行。所以，把握分寸，以心换心，是教师要练的“硬功”。

2. 案例反思

这两个案例给我的启示：学困生首先需要理解、尊重和信任教师。苏霍姆林斯基认为教育是一种最为精细的精神活动，并把教育者对受教育者的影响比作音乐的影响。在这样的精神活动中，教师的每一句话都会拨动学生心灵的琴弦。无论学生犯多大的错，教师说出的话都得以尊重为前提，都得入情入理，只有这样，学生才会接受，才能达到教育的目的。首先，大多数时候，学生并不需要教师的责罚，只需要给他们一点时间，他们就能以自己的行动证明自己犯错只是一时的。其次，学困生需要真心的关爱。要真正地转化学困生，教师除了要转变对他们的态度外，还要真心实意地为他们做点事，帮他们一下，拉他们一把，给他们“特殊”关照，千方百计地减少他们学习中的困难，把他们纳入到学习活动中来。防止学习上的学困生进一步演变成品行上的“差生”，这是每个教育工作者必须担负起来的神圣使命。

3. 教育对策

教师在教育转化学困生时要有耐心，要制订一个分阶段实施的循序渐进的方案，不要指望一蹴而就。首先，要维护、激发他们的自尊心，挖掘他们的亮点，长善救失，帮他们树立起学习的信心。其次，教师要对他们给予特别关注，通过各种帮教措施使他们投入学习，从而避免使他们被边缘化，避免使他们走向教师的对立面。这是素质教育的要求，也是学校、社会全面和谐发展的要求。再次，教师要冷静面对学困生的反复行为，给他们冷静思考和内心冲突的时间和空间，把他们犯错误看成是走向成熟应付出的代价。要让学困生觉得自己是重要的，是受到教师重视的。尤其是班主任老师，更要尊重学困生，“尊重是所有成就的起点与第一颗种子，是能力的基础”。学困生得到了教师的重视、同学的肯定，就会感到自己的存在对集体、对同学是有价值的。他们就能以教育过程作为展示自身价值的舞台，就会感受到教育的快乐。这种快乐同样也成为促进学困生进一步发展的内在动力。

五、如何矫治学困生

学困生的个案分析与矫治

1. 个案基本情况

姓名：王龙　性别：男　年龄：15 岁

籍贯：安徽　班级：初三（7）班

家庭住址：原籍安徽，现在厦门市集美区租住民房

2. 问题行为概述

（1）行为方面

① 学习成绩差，经常拖延交作业的时间，经常抄袭别人的作业。

② 经常说谎，为人不诚实，脾气倔强，经不起批评。

（2）学习方面

对学习缺乏兴趣，学习习惯差；经常拖延交作业的时间，经常抄袭别人的作业；上课注意力不集中，没有持久性；做事懒散，经常上学迟到。

（3）性格方面

性格暴躁，容易冲动，自控能力差，散漫任性；有缺点或错误难以承认，坚决不改，并千方百计地找茬，说别人的不是，把所有的错误和责任都推到别人身上。

3. 个案生活背景

家庭关系：①父母是从安徽来厦门工作的人员，租住在农村的私房，居住条件较差，在菜市场卖水果，整天忙于生意，无暇管教孩子。②父母文化水平低，看不懂孩子的作业，更无法辅导孩子写作业。③父母看上去忠厚老实，但对孩子百依百顺，造成了他任性的脾气，而有时又为了种种事情，对他要么管不了，要么大打出手。④由于王龙脾气倔强、任性，父母管不了，使他养成了种种不良的习惯，学习行为出现了明显的偏差，再加上贪玩，最后导致学习成绩较差。

4. 症状分析

经过查阅心理资料，并结合王龙同学的平时行为表现以及对周围同学

的调查，我对此进行了分析。

（1）王龙同学有很强的自卑感

由于家境贫困，身着破衣烂衫的王龙同学在身穿漂亮的衣裳、备受父母疼爱的同学面前，感到失落，自觉低人一等。自尊心很强的他感到无法与人相比，情绪低落，害怕别人看不起自己，不愿与别人交往，缺乏自信心，无竞争意识。渐渐地，他对学习失去了兴趣，注意力涣散，得过且过，导致成绩一跌再跌。成绩的倒退、同学的白眼与老师的批评令他更加自卑，从而形成新一轮的恶性循环。

（2）王龙同学有很强的孤独感

虽然在一个班集体里，可是他完全感受不到集体的温暖。由于没有同学愿意与这样的“差生”来往，自卑心理严重的他产生了强烈的孤独感，进而引发孤僻、不合群等各种不良心理症状。他很少去关心他人，也不会被他人关心，固执己见，唯我独尊，不愿去追赶别人，但又对别人的成绩感到嫉妒，看到别人失败则幸灾乐祸，不乐意与别人交往，封闭自我，很少参与集体性的活动，更缺少知心朋友。这些都导致他孤僻内向，离群索居。

（3）王龙同学还伴有焦虑和紧张情绪

由于他学习基础差，学习中遇到的困难多，又缺乏帮助以及与同学之间的交流，导致作业不能及时完成。一次次的，作业越积越多，成为他心中沉重的负担。在这样的重负之下，他想去做又无从做起，他无力回避又无能为力。在老师的批评与催促下，他更加紧张、着急，沉浸在这种情绪中难以自拔，陷入了痛苦的深渊，却又非常无助，于是在心理上必然引起自我防卫，借助玩耍找回快乐，摆脱烦恼，对作业只好一拖再拖。面对老师时，他只能去抗拒，用沉默来应对。

综上所述，王龙同学由于自卑引发一系列心理反应，陷入难以自拔的境地，饱尝痛苦与失败，急切需要别人的关心与帮助，如果得不到及时的心理疏导，就会在恶性循环中毁了自己。

5. 心理治疗

分析了王龙同学的内心世界，我仿佛也感受到他所承受的痛苦与煎熬，决定帮助他。

（1）用言行感化他，取得信任

“亲其师，信其道。”首先要让他相信我。我放弃了在全班点名批评的做法，并寻找机会接近他。一天放学后，我把教学参考书落在了班里，看到他正一个人在办公室外玩，于是，便让他帮我把书取来。他高兴地答应了，并飞快地取来了书。正巧，办公室里已无其他老师，我就在他要离开时叫住了他，选择了一个轻松的话题与之交谈。以后的时间里，我又多次与他进行了谈心。慢慢地，他在我面前不再沉默了，敢于和我说说他遇到的开心事，表露自己的想法，也能做一些作业了。

(2) 放大他的优点，使其树立自信

他在我面前敢抬起头，这只是第一步，但已初步使他有了自信。我更应该让他在同学面前展现自信。有一次，在课堂上，他举了两次手，我指名让他回答问题，他的答案基本正确，我对此大加表扬，并让同学们为他鼓掌。这一堂课上，他脸上挂满了喜悦，能坚持认真听讲。我在下课前，又对他进行了表扬。从此以后，我在课堂上时时可见他充满自信地高举着手，便常常把机会给他，他渐渐“得意”起来。有一次大扫除，他负责打扫办公室，很是卖力。我在班会课上专门对他进行了表扬，还建议小组长给他加分，他那种高兴劲儿就别提了。在与他谈心时，我告诉他这段时间进步很大，鼓励他继续努力，相信自己不比别人差，别人能做到的他也一定能做到，在其他方面也同样会做出成绩的。他满怀信心地点了点头。

(3) 教给方法，指导学习

有了前进的动力，更要明确前进的方向。就此，我对他进行了指导。

① 树立远大志向，明确奋斗日标。为此，我设计了一堂“我的理想”主题班会课，让同学们畅谈自己的理想。当他说出“我长大要做一位工程师”，并谈了自己的打算后，我和全班同学为他鼓掌。课后，我又找机会和他进行了交谈，肯定了他的志向，相信他长大后一定能实现自己的理想。我又顺势讲了几位名人为理想不懈奋斗，最终取得胜利的事例，最后告诉他，只要努力一定能达到自己的目标。通过这次班会和谈话，他的信心更足了。

② 优势互补，克服困难。针对他在完成作业上的困难，我安排学习委员专门帮助他，形成“一帮一”互助学习小组，告诉他遇到不会的问题可以请学习委员或老师帮忙。在作业布置上，我改变以前“一刀切”的方式，采用阶梯性作业、自主作业等多种灵活的形式，让学生自主选择，能做多少就做多少，从而避免了“优生吃饱，差生吃不了”的现象发生。王

龙同学也因此得到解放，没有了负担与紧张情绪，做起作业来轻松多了。

③ 制订计划，有的放矢。在一次谈心中，他说："我也想进步，就是不知该怎么做?"我决定帮他制订一个学习计划。在计划中明确给他提出这学期的奋斗目标以及努力的方向、采用的方法建议。同时又分阶段制订了一些小目标，并让他进行自我评定。我在作业后还为他写上了一些激励性的语句，如"坚持不懈""持之以恒""自强不息""我一定做得到"等，让他时常看一看，以提醒自己。

（4）关爱生活，乐于交往

针对他自卑的根源——家庭环境的影响以及家长的粗放教育，我采取了一些措施。①家访。在家访时，我批评了家长的这种教育方式，要求他们对子女多一些关爱，多一些督促教育，与学校好好配合，从而使孩子不断进步。面对我善意的批评，他们在感激之余决定立即做起。最后，我们约定定期联系，共同关注孩子的成长。②教给交往的方法。如果一个人渴望得到他人的关爱，首先就要关爱别人，只有关心他人，帮助别人，才能赢得别人的尊重和喜爱。我告诉了王龙同学这个道理，鼓励他多与同学交往，要求他经常与别人谈谈心里话，聊聊天，讨论一下问题，多参加一些集体性的活动，在遇到困难时积极向同学求助，在别人有困难时主动帮助他们，使自己逐渐融入到班集体中，让同学们接受他，喜爱他。③开展活动，创造表现机会。为了促进他与同学们的交往，我多次组织开展集体活动，为他在活动中崭露头角创造机会。在活动中，我鼓励他大胆参与，并多把机会让给他，让他展示自己的优势。参加这些活动不但让他体会到自己是集体中重要的一员，而且让同学们接纳了他，喜欢与他交往，也使他展现了自我，得到了满足，充满了信心，从而走出心理的阴影。看着他一天天进步，我真为他高兴。

第三节　指导自主学习中学生的体会

一、从数学讨论中，学生学到知识

从讨论中可以获得许多东西，如知识或灵感等。数学讨论也是一样，学生从中获得的不止是知识，还有别的。

学生能从数学讨论中学到课堂上没学过的知识，可以得到新的体会，悟出道理，获得解决问题的方法。

通过数学讨论可以发现别人的优点和缺点，可以从中认识对方的性格、特长，加深对别人的了解，发现对方的潜力，认识对方，肯定对方。

通过数学讨论可以认识自己，把自己和别人对比，发现自己的缺点和优点，从而清楚地为自己打分，更好地完善自己，让自己认识自己。

通过数学讨论可以提高成绩。考试的题目或许是你讨论过的，或者你讨论过类似的，你便可以模仿做过的题目来做；即使不一样，也可以锻炼你的思维能力，使你更好地做出题目。

通过数学讨论可以发现自己的缺点。自己的不足或许能在讨论中被提出来，进而发现自己的缺点，在别人的帮助下改正缺点。

数学讨论的作用不止这些，大家可以在实际生活中亲自去发现。

二、课堂改变了

自从新课改后，以前的课堂不复存在，再也看不见教师整节课唠唠叨叨地说下来的状况。

就拿数学课来说吧。以前完全是教师自己在讲，最后说一句："懂了没?"如果没有人提问题，教师就继续讲，没完没了。

现在大不同了。课堂变了，改成了自主学习模式。教师改变了教学方式，上课出一些习题让学生做，不会的就让学生和同桌讨论，最后再讲评。

总而言之，数学课比以前生动多了，也比以前有趣多了。学生越来越喜欢数学课了。

三、课堂新花样

学生尝试了一种新的学习方式——网络学习。起初，学生对这种学习方式有一点"偏见"，但逐渐接触后，便被它有趣、直观、生动的形式给吸引了。网络教学是新课改的一个重要的新尝试，是一种非常好的教学方法。它不仅能让学生更扎实地掌握课堂上学到的知识，还能让学生在这个基础上，拓宽知识面，并且培养学生自主学习的能力。在网络教学的帮助下，学生学到了许多以前学不到的知识，掌握了许多以前不能掌握的技巧。就拿数学中的几何来说吧。几何是许多同学都认为比较难的，现在就可以借助网络教学来解决问题。教师会在网上下载一些资料或课件给学生看，让学生更加清楚课本上原理的来源，令学生印象深刻。

在实施新课改的今天，课堂上发生了巨大的变化，再也看不到教师一节课从头到尾滔滔不绝地讲授知识，学生只知道专心致志地做笔记的现象了，更多的是看到老师、学生、教材之间的互动。学生成了课堂的主人，他们自主探究，合作交流，常常能听到发人深省的提问、精彩纷呈的答案。学生在教师创设的学习气氛中学习，各方面都得到了相应的培养和提高。

四、学生与新课改

课堂是学生最熟悉不过的了。传统的课堂呆板，压抑，又沉闷，让人总忍不住想睡觉，不想再听无趣的讲课。而一切的改变是在实施新课改之后。

自从学校实施新课改之后，教师的讲课变得既生动又有趣，十分吸引学生的注意力，也更加贴近学生。课堂一改往日的气氛，不仅教师在讲课，学生也动了起来。学生上课举手发言更积极了，新课改使课堂气氛活跃了。连一贯沉默的那些同学也忍不住加入到激烈的课堂讨论和举手发言中来了。这样一来，学生的学习效率提高了，学习效果更好了，学到的东西更多了。

新课改还培养了师生之间的感情，融洽了师生之间的关系，增加了师生之间的互动。这是因为，实施新课改后，教师在课堂上和同学们有说有笑，拉近了彼此之间的距离，相处得更加和谐了。

第五章 指导自主学习学法指导

英国著名物理学家贝尔纳在《科学研究的艺术》中说过："良好的方法能使我们更好地发挥运用天赋的才能，而拙劣的方法则可能阻碍才能的发挥。"由此可见，学习方法问题，是关系到学习成败的关键问题。

随着素质教育的不断深入，随着新课改的全面实施，反对"填鸭式"、注入式教学，解放学生的思维，尊重学生的人格，发展学生的独立性、自主性和创造性已成为广大教育工作者的共识。面向新时代的素质教育要求学生在学习过程中不仅要学习知识，更重要的是掌握学习方法，学会如何学习，实现由"学会"到"会学"的转变，在学习上获得主动、自主和独立。新课标提倡学生自主学习，自主探究，那么，怎样才能让学生自主学习呢？在放开学生手脚的同时，教师该做些什么，怎么做？这是教师最关心的问题。

本章将从学习方法、学习习惯、学习能力、创新学习等方面谈谈指导自主学习的问题。

第一节　指导自主学习习惯的培养

一、如何做好初中数学学习的准备

1. 对初中数学学习的基本认识

(1) 初中数学学习的特点

从小学升到初中，想尽快适应初中的学习生活，就要了解初中阶段在学习上的一些特点。下面以初中数学为例，说一说初中阶段数学学习的几个主要特点。

和小学相比：知识量加大；知识综合性加强；知识系统性加强；对能力要求加大，如观察、阅读、记忆、思维、想象、操作、表达等能力。

(2) 初中生在数学学习上的特点

学习的目的性加强，学习的独立性加强，学习的自觉性加强，学习的波动性加大。

(3) 掌握科学的学习方法

《史记》中有这样一段话："善学者，师逸而功倍，又从而庸之。不善学者，师勤而功半，又从而怨之。"意思是说，善于学习的人，让老师很省力，学习可以事半功倍，这要归功于老师教导有方。不善于学习的人(即学习不得法的人)，让老师很费力气，但学习效果事倍功半，老师还要因此受到埋怨。因此，掌握科学的学习方法至关重要。

2. 重视借鉴别人的学习经验

(1) 多看有关总结学习规律和指导学习方法的书。

(2) 多向经验丰富的老师和家长请教。

(3) 多向优秀学生请教。

3. 新课改下初中生学习数学需要具备的几种能力

(1) 阅读的能力。

(2) 查资料的能力。

(3) 整理知识点、范例、错题的能力。

二、如何培养良好的数学学习习惯

下面谈谈新课改背景下对几种学习习惯的培养。

1. 培养"会看数学书"的习惯

初一新生刚踏入中学校门，让他们学会看数学书很重要。看书的方法：边看边想—查阅学习材料—再看再想—回想一遍—尝试做习题或预习笔记(即用笔记本记录本课的知识点、重点、难点和自己不理解的问题)。通过看数学书，初步理解教材的基本内容，找出教材中的重、难点和自己不理解的问题。通过对课本知识点的梳理，达到以下要求：①能把本课的知识框架及其内涵从头到尾说一遍；②能把本课的重、难点从头到尾说一遍；③能把典型例题和习题独立分析一遍或者做一遍。

2. 培养"听懂课"的习惯

有效听课在于听懂课，听好数学课的关键是开动脑筋、积极思考。做到听讲专心—思路清晰—及时提问—当堂掌握。学生在听课时力争做到"四个超前"。①超前想：老师写出课题后，能在老师讲解之前想出解决问题的途径和方法。②超前做：老师写出例题后，能在老师讲解之前发现思路，甚至做出答案。③超前总结：老师做完解答后，能在老师讲解之前对解答过程进行反思，做出总结。④超前提问题：老师做出总结后，能在老师讲解之前发现问题，提出问题，并研究问题。

3. 培养“做好作业”的习惯

做好数学作业主要指做好以下三个环节。①审好题。一要看题准确，即文字、数学式子、数学符号等不多看、少看或漏看；二要分得清楚，即能分清题目的条件、结论；三要连得起来，即能找出题目的条件和结论之间的内在联系。②做好题。做题时能做到思路清晰，格式准确，速度较快，并学会独立检查，做到题目准确率高。检查的方法有逐步检查法、重做法、代入法等。③及时纠错。能找到错题的出错之处及造成错误的原因，并利用错题本重做，做到经常复习。

三、如何减少初中生的解题错误

减少初中生解题错误的方法是预防和排除干扰。为此，要抓好课前、课内、课后三个环节。

1. 课前准备要有预见性

预防错误的发生，是减少初中生解题错误的主要方法。讲课之前，教师如果能预见到学生学习本课内容可能产生的错误，就能够在课内讲解时有意识地指出并加以强调，从而有效地控制错误的发生。例如：讲解分式方程之前，预见到要用分数的基本性质与等式的性质，两者有可能混淆，因而要在复习提问时准备一些分数的基本性质与等式的性质的练习，帮助学生弄清两者的不同，避免产生混乱与错误。因此，备课时，要仔细研究教科书正文中的防错文字，例题后的注意，小结与复习中应该注意的几个问题等，同时还要揣摩学生学习本课内容的心理过程，授业解惑，使学生预先明了容易出错之处，防患于未然。如果学生出现问题而未察觉，没有及时纠正错误，则后患无穷，不仅影响当时的学习，还会影响以后的学习。因此，预见错误并有效防范能够为揭示错误、消灭错误打下基础。

2. 课内讲解要有针对性

在课内讲解时，要对学生可能出现的问题进行针对性的讲解。对于容易混淆的概念，要引导学生用对比的方法，弄清它们的区别和联系。对于规律，应当引导学生搞清它们的来源，分清它们的条件和结论，了解它们的用途和适用范围，以及应用时应注意的问题。教师要给学生展示揭示错误、排除错误的手段，使学生会识别错误，改正错误。要通过课堂提问及时了解学生的情况，对学生的错误回答，要分析其原因，进行针对性讲解，利用反面知识巩固正面知识。课堂练习是发现学生错误的另一条途径，发现问题后要及时解决。总之，要通过课堂教学，不仅教会学生知识，还要使学生学会识别对错，知错能改。

3. 课后讲评要有总结性

要认真分析学生作业中的问题，总结出典型错误，加以讲评。通过讲评，进行适当的复习与总结，也使学生再经历一次调试与修正的过程，提高识别、改正错误的能力。

综上所述，学生的学习经历了从不知到知，从知之不多到知之较多的过程，其间正确与错误交织。对错误正确对待，认真分析，有效控制，就能够使学生的学习顺利进行，能力逐渐提高。

第二节　指导自主学习各环节的学习方法

一、如何阅读数学课本

苏联数学教育家斯托利亚尔曾经说过："数学教学也就是数学语言的教学。"而语言的学习是离不开阅读的，所以，数学学习不能离开阅读。初一新生刚踏入中学校门，培养他们养成阅读数学课本的良好习惯非常重要。那么，如何阅读数学课本呢？

1. 阅读数学课本要认真细致

数学语言精练，语句严谨，符号多，包含许多公式、公理、定理、概念、图表等，所以阅读时要做到对每个名词术语、每个句子、每个图表都细致地分析，领会其含义。对新出现的数学定义、定理不能读一遍就算了，要反复地仔细阅读，并认真分析，直至弄懂含义为止。千万不能像阅读一本小说或故事书那样，不注意细节，进行跳跃式或浏览式阅读。

2. 阅读数学课本必须勤思多想

数学语言抽象，逻辑性强，前言后语联系强，具有"言必有据"的特点。所以阅读数学课本时，不但要理解数学材料中的每一个字、词或句子，领会其含义，更重要的是，要理解其中的推理和数学含义，体会其中的数学思想方法，并能正确依据数学原理分析它们之间的逻辑关系，达到对材料的真正理解，形成知识结构。

3. 阅读数学课本要读写结合

数学的许多概念、定理、公式等都要求记忆，而书写可以加快、加强记忆。所以，阅读数学课本时，首先，对重要的内容要经常通过书写或做笔记来加强记忆；其次，数学教材简单，数学推理的某些步骤常被省略，运算证明过程也常简略，从上一步到下一步跨度大，这也要求学生用纸笔演算推理来“架桥铺路”，以便顺利阅读；另外，阅读数学课本常要求从课文中概括归纳出一些东西，如解题格式、证明思路、知识结构框架图等，或举一些反例、变式来加深理解，这就要求学生以批注的形式写在页边上，以便以后复习巩固。

4. 阅读数学课本要学会把数学语言转化为自己的语言

数学课本中的语言通常是文字语言、数学符号语言、图形语言的交融。阅读数学课本的重点在于能把数学语言转化成自己的语言，再加以理解领会。因此，阅读数学课本要学会灵活转化阅读内容，能把一个用抽象表述方式阐述的问题转化成用具体的或不那么抽象的表达方式表述的问题，即用自己的语言来阐述数学问题。

总之，阅读数学课本，要能做到理解教材的基本内容和思路，找出教材中的重、难点和自己不理解的问题。

二、如何听好数学课

初一新生刚进入中学，普遍反映学习数学较困难。我觉得初中阶段学好数学的关键是学会听数学课。所以，如何养成良好的听课习惯是初一新生迫切需要解决的问题。下面谈谈如何培养听数学课的好习惯。

1. 养成“想听课”的习惯

想听课，即培养学生良好的课前准备习惯，让自己尽快进入课堂听课状态。①心理准备：数学课往往较枯燥，有的学生一上数学课就觉得腻烦。所以在心理上一定要做好心理暗示，让自己喜欢数学课；②知识准备：储备好学习新课所需的旧知识；③物质准备：上数学课需要的数学书、练习本、笔记本、作图工具等；④身体准备：精神好，精力充沛。

2. 培养“听懂课”的习惯

听懂数学课的关键是开动脑筋，积极思考，做到：听讲专心—思路清晰—及时提问—当堂掌握。学生在听课时力争做到“四个超前”。①超前想：老师写出课题后，能在老师讲解之前，想出解决问题的途径和方法。②超前做：老师写出例题后，能在老师讲解之前，发现思路，甚至做出结果。③超前总结：老师做完解答后，能在老师讲解之前，对解答过程进行反思，做出总结。④超前提问题：老师做出总结后，能在老师讲解之前，发现问题，提出问题，并研究问题。

3. 形成“懂听课”的习惯

“懂听课”，即学会了听懂数学课的方法，是最有效的听课方式。在听课前，能坚持预习，做好预习笔记，并带着问题进入课堂；在课堂上很快进入学习状态，听课时思路清晰，开动脑筋，积极思考，及时提问；对课堂练习能当堂完成，及时纠错，当堂掌握；在课后，能回忆课堂学习的主要内容，整理听课笔记，对课堂上遗留的问题能及时解决。

三、如何做好数学作业

初一新生从小学升到初中，由于知识量加大，知识综合性加强，知识系统性加强，数学作业的量和难度也自然加大。初一新生普遍感到做数学作业较为困难。下面想就此问题做一些探讨和研究。

1. 做作业前的准备

做作业的目的，一是巩固所学知识，二是应用所学知识解决新问题，所以做作业前必须先深入复习，抓住所学内容的重点和难点，掌握基本思想方法和技能技巧，把定义、定理、公式在理解的基础上记住，并对某些问题深入思考，以求透彻理解和灵活运用。这样，做作业时才会有解题思路，或有自己的创新解法。

2. 养成良好的作业习惯

(1) 把握好做数学作业三个环节。①审好题：一要看题准确，即文字、数学式子、数学符号等不多看、少看或漏看；二要分得清楚，即能分清题目的条件、结论；三要连得起来，即能找出题目的条件和结论之间的内在联系。②做好题：做题时能做到思路清晰，格式准确，速度较快，并学会独立检查，做到题目准确率高。检查的方法有逐步检查法、重做法、代入法等。③及时纠错：针对错题，能找到错误之处及造成错误的原因，并利用错题本重做，做到经常复习。

（2）养成独立思考的作业习惯。做作业贵在独立思考。不经过认真思考获得的知识是不扎实的，“懂得快，忘得也快”。所以，对不会做的题目，要多变换角度去思考，尝试解题。实在解不出来时，才和同学讨论或问老师，直到把它彻底解决。千万不要抄作业，以免给老师发出错误信息，让老师认为同学们都掌握了知识，就不评讲了，把问题掩盖住。

（3）养成“一气呵成”的解题习惯。在做作业时，尽量不要一会儿由于思路不通翻书或看笔记（遇到难题时也未尝不可），一会儿由于记不住公式翻书看公式。这样做很难记住公式，很难找到解题思路，也很难巩固所学知识，达不到做作业的目的。

第三节　指导自主学习能力的培养

一、正确认识加强自主学习的意义

减轻学生过重负担，是中央全面推进素质教育的重大决策，是一项系统工程。单纯依靠上级部门发文件、开会要求很难奏效，更重要的是要以提高课堂教学质量为切入点，彻底解放学生。近年来，在初中数学教学中，我尝试进行了“指导自主学习”教改实验，感受颇深。我认为，加强学生自主学习，是实现减负增效的有效途径。下面就此谈谈自己的体会和认识。

1. 加强自主学习有助于减轻学生的心理负担

北京师范大学副校长、心理健康与教育研究所长董奇教授认为，中小学生的学习负担过重不仅体现在学生的课业负担过重、学习内容过难、课程多、辅导材料多、考试频繁等方面，而且还体现在学生学习过程中的沉重心理负担。那么，怎样才能减轻学生在学习过程中的沉重心理负担呢？“指导自主学习”教改实验提供了许多有意义的启示。首先，“指导自主学习”教改实验重视培养学生良好的学习态度和学习能力，让学生掌握正确的学习方法，使学生乐学，善学，好学，让学生体验到学习的乐趣。在教学上，坚持“先学后教，超前断后”的教学模式，即鼓励学生积极参与课堂教学。在课前，学生预先做好自学笔记；在课上，学生积极参与教学过程，展示自己的预习笔记，发表自己的观点，师生之间、学生之间平等地进行讨论；在课后，断然取消课后作业，从而使学生表现出极高的学习兴趣和热情，减轻学生学习的心理压力。其次，“指导自主学习”教改实验主张课堂的开放性，利用课堂的开放性创设了平等的师生关系与和谐的课堂氛围。教师从单纯的知识传授者变成课堂教学的组织者、指导者、促进者、伴奏者，实现了师生之间的人格平等。学生从被动的知识接受者变成学习的主人，他们主动参与课堂教学，敢想，敢问，敢说，敢争辩。这样，在班级中形成了安全、宽松的人际关系氛围，成为减轻学生心理负担的重要因素。

2. 加强自主学习，摒弃“题海战术”，减轻学生课外作业负担

当前，由补课、家教、教学参考资料失控现象造成的学生课外作业负担迅速上涨，成为影响学生正常学习、生活、身心健康发展的重要因素。如何从根本上解决这一问题呢？我认为仅靠一些条条框框的规定很难奏效，更重要的是让学生的学习过程发生根本变化，即让学生从被动学习者变成主动学习者，自然摒弃“题海战术”，减轻课外作业负担。“指导自主学习”教改实验就是把学生的自主学习和师生的合作机制引进教学过程，使教学结构发生质的变化。它的特点有两个：①超前性（超前于教师授课），区别于传统课外学习的跟随性；②建构性（知识结构的重新组合），区别于传统课外学习的复制性。正是以上特点，决定了“指导自主学习”教学模式自然摒弃了一些重复的模拟练习，减轻了学生的作业负担。

3. 加强自主学习，优化课堂模式，提高课堂效率

在学生独立学习的基础上进行的课堂教学是一种高水平的教学。就学生而言，学生在课堂上充满求知欲（问题意识）和表现欲（参与意识），课堂教学因此具有永恒的内在动力。就教师而言，教师再也不能只停留在照本宣科、传授知识的层面上，而必须在发现问题、提炼问题、引导思维、启迪智慧、培养悟性上下功夫。因此，在自主学习基础上的课堂教学是灵活多样的，如在课堂上开展“小组讨论”“记者招待会”“课堂小测当

场量分”“课后 5 分钟静思回顾”等活动，使课堂教学变得丰富多彩，成功吸引了学生的注意力，激发了学生的最大潜能，大大提高了课堂学习效率。

二、如何激发学习动力

1. 在教学的起点上尽量要求低一点，别在起点上落下一个学生

用兴趣引导学生，用方法激活学生，用赞赏鼓励学生。

学习新课程时，做加法容易，做减法难。有的知识点不一定要求深究，但教师由于传统思维的惯性，很喜欢做加法，很喜欢一次到位，这样就加大了教学的难度，让学生和教师都苦不堪言。

“小坡度，小难度，小密度，缓提速”——针对学生的实际；“抓反复，反复抓”——夯实基础，在学好“本”的基础上再谈拓展。

2. 用“导学案”搭桥，先学后教

“导学案”不是一般意义上的练习题，而是告诉学生怎么学，最大限度地引导学生去学，然后带着问题进课堂——由学法、重点、背景、问题、练习组成；“导学案”的产生源于教材与学生练习不配套，学生反映可以听懂老师讲课的内容，却不会做作业。现在，我校初中各学科都在使用“导学案”进行教学。

使用“导学案”的目的是给学生更多的时间。在一定程度上，学生自学比教师讲更有收获，学生自学也有助于学生能力的提高。教学要想一劳永逸的最好办法就是朝着“教是为了不教”这个目标努力。要做到学生会的不讲，学生能看懂的地方不讲。要教给学生生存的智慧。

3. 课堂教学由让学生“学会”转变为“会学”

教什么：有三类知识，分别是不教也会的，教了就会的，教了也不会的。教师应该根据学生实际教“教了就会”的知识。

怎么教：教学活动不能做无用功，学生懂的、能自学的不讲。

透过学生看教师：教师不是不懂自己，而是不懂学生。教师要真诚并真实地了解学生的生活和学习状态，通过回味自己的学生时代去感受学生，通过反思自己的学习过程去体会学习的本质意义。

透过学习看教学：教师不是不懂教学，而是不懂学习；教学是为了帮助学习，因此了解学习成为开展教学的前提。

教学既是科学又是艺术："怎么教"是艺术，"教什么"是科学。学习艺术多需要天赋，而学习科学多需要智慧。天赋不可学，科学可研究。

4. 让学生带着问题进课堂，让教师带着方法进课堂

问题是人类进步的起点。依此类推，要想在课堂上有进步，学生要带着问题进课堂。学生的问题意识为什么随着年龄的增长在降低，在弱化？这要引起我们的高度重视。教师在课堂教学中要尽可能地照顾到每一个学生，尽可能地改变一下课堂教学（让学生明白，课堂就是出错的地方。在家长的眼里，自己的孩子是最优秀的，在教师的眼里，学生越来越差，这种落差说明评价的尺度越来越窄。学生为什么在上小学时发言不怕犯错误，越大越怕？因为教师的标准越来越苛刻。教学设计应该以学生的优势为依据，尽量地使其发挥潜能），尽可能启迪学生的问题意识，启迪学生的智慧。

让教师带着方法进课堂。比如，教师要在课堂教学中抓第一思维点，即教与学过程中的第一个问题，缩小师生思维的差距；教师要善于站在学生的角度想问题，想想学生需要什么；变教师的预设为学生的问题生成，不要以教师的问题替代学生的问题。

5. 建立教师学习交流的平台——教师微信群

新课改的实施给教学带来的变化是始料未及的，很多新问题逼着教师去思考，去研究。建立微信群给了教师一个学习、交流、提高的平台。微信传输快，交流方便，反馈及时，能促进教师的进步。有人说："教师的成长等于经验加反思。"课堂 45 分钟，考察的是教师一辈子的功力——不学习怎么可以？至今为止，学校建立了各种微信群，如年段教师微信群、教研组教师微信群、课题研究教师微信群等。

6. 正确利用作业和考试

作业：发（布）必收，收必改，改必评，评必励，错必纠；必须当天完成，当天反馈（严格控制作业量及各学科之间作业量的平衡），每天面批几个学生；每个学生都有错题本，重视分层布置作业。

考试：考试是手段，是激励，是反思。考试难度控制在 0.75～0.8，合格率必须达到 90%，班级的平均分正负误差不超过 5 分；考试后，学生要写反思报告，尤其是丢分分析，教师要做试后分析存档；对不及格的学生及时进行补考；提倡考后 100 分；教师要跟每一位学生谈话。

三、如何培养学生的自主学习能力

素质教育是以学生为主体的教育，学生是学习的主人。所以，在实施素质教育的过程中，要注重培养学生自主学习的意识，促使学生在教学活动中自主去探索，去思考，达到最佳的教学效果。

1. 激发学生的学习兴趣

托尔斯泰说：“成功的教学需要的不是强制，而是激发学生的兴趣。”兴趣是学习最好的老师。心理学研究表明，学习兴趣的水平对学习效果能产生很大影响。学生学习兴趣浓厚，情绪高涨，就会深入地、兴致勃勃地学习相关方面的知识，并且广泛地涉猎与之有关的知识，遇到困难时表现出顽强的钻研精神。否则，他只是形式性地去掌握所学的知识，遇到困难时往往会丧失信心，不能坚持学习。所谓“强扭的瓜不甜”也就是这个道理。因此，要促进学生主动学习，就必须激发和培养学生的学习兴趣。

2. 建立和谐融洽的师生关系

教学实践表明，学生热爱一位教师，就会连带着热爱这位教师所教的课程，这也促进了学生自主学习意识的形成。我国古代教育名著《学记》中的“亲其师而信其道”讲的就是这个道理。所以，教师要努力把冷冰冰的教育理论转化为生动的教学实践，真正做到爱学生，尊重学生，接纳学生，满足学生。

3. 积极引导学生自主学习

现代教育理论提倡以学生为中心，强调学生“学”的主动性。教师的作用体现为组织、指导、帮助和促进学生学习，使学生学习的主动性、积极性和创造性得到充分发挥，从而使学生进行最有效的学习，达到最优的教学效果。即使学生有了自主学习的意识，教师也要根据学生实际的兴趣和能力，采用灵活多样的教学方法，使学生的自主学习意识转化为实践活动。

(1) 鼓励学生大胆探究，寻求新知

探究性学习以“问题”为基础，“问题”是学生进行探究性学习的载体，而教师可以通过“问题”的提出，激发学生探求新知的欲望。在引导学生探究的过程中，学生主动地产生学习的需求。因此，恰当地提出“问题”是教学的重要手段。这样做不但能巩固知识，及时反馈教学信息，而且能激励学生积极自主地参与教学活动，成为学习的主人。教师要积极创设问题情境，"慷慨"地提供思维加工的原料，通过演示课件、温习旧知、观察现象、布置练习题等提出问题，启发学生的思维，充分调动学生的主观能动性，使学生自己去发现问题，解决问题。学生发现问题、解决问题的过程，是大胆探究、寻求新知的过程，也就是自主学习的过程。

（2）鼓励学生大胆质疑，乐于思考

在教学中创设民主、宽松、和谐融洽的教学气氛，鼓励学生大胆质疑，乐于思考。许多教育家都主张教学中应有良好的学习气氛。巴班斯基指出："教师是否善于在上课时创设良好的精神心理气氛，有着重大的作用。"当代教育学家沙塔诺夫更强调："在课堂上创造一种普遍互相尊重，精神上平等，心理上舒坦的气氛是每个教师的首要责任。"可见，良好的教学气氛对教学活动的开展非常重要。学生在学习中自由自在、无拘无束，方能产生思维碰撞，闪现思维火花。心理学研究表明："有疑则有思，无疑则无思。"教师要鼓励学生敢于提出质疑，不轻易苟同他人意见，大胆发表自己独特的见解。教师在教学中要给学生留有思考、探究和自我开拓的余地，要善于把教学内容本身存在的矛盾与学生已有的知识、经验间的矛盾作为突破口，启发学生去探究"为什么"，使学生的思维活跃起来，使学生勤于思考，乐于思考，从而更加积极自主地投入学习。

（3）鼓励学生大胆创新，自主互动

有人说过："创造性在一致性的要求中慢慢被泯灭。"在课堂上，教师要鼓励学生进行创造性的学习。教师要想方设法地创造条件，把教学中所需要的资源准备好，放在网上供学生共享；学生也可以根据学习的需要在网上寻找相关资料来完成学习。另外，教师要鼓励学生大胆创新，不以教师和其他同学所做的为规为矩，强调自己的作品与众不同，同时还要鼓励学生进行自主互动。层次不同的学生可以自发组织成为小组，以小组为单位完成作品。学生自主选择学习资源和学习方式，大胆创新，自主互动，这个过程就是学生自主学习的过程。

（4）教师大胆放手，鼓励学生独立自学

教师在教学中大胆放手，鼓励学生独立自学，使学生真正掌握学习的主动权，成为学习的主人，学生就会积极自主地参与学习活动，主体性得到充分发挥。首先，每学期刚开学时，教师就可以把这个学期的教学安排，包括计划、进度和课时，都告诉学生，让他们心中有数。一些知识掌握得比较好的学生，在完成相应阶段教学内容的前提下，可以根据自己的水平和爱好，提前向教师提出学习要求。教师应该鼓励学生独立自学，实施个别辅导。独立自学不等于放任自流，当学生遇到问题时，教师要与学生共同探讨，启发学生思维，指点学生找出解决办法。

4. 注重学生的自我激励与自我评价

教师要注重学习成果的激励作用，充分利用学习成果的反馈作用。教师在教学中要对不同层次的学生提出不同的要求，鼓励不同层次的学生在学习上获得成功，让学生体验到成功的喜悦。特别是学习有困难的学生，基础差，进步慢，自卑感较强，教师应尽量发掘他们身上的闪光点，帮助他们树立自信心，使他们时常能感受到成功的喜悦。成功感是学生自主学习的激励机制。给学生成功的体验，激励学生主动学习，学生就会在自主学习中不断地追求这种体验。在自主学习的过程中，学生最清楚什么样的学习最能满足自己的需要，最清楚自己想知道什么，也最清楚自己糊涂和不明白的地方，所以教师要注重学生的自我评价，指导学生逐步认识自己“学会”的过程是否合理有效，在学习中使用的方法是否得当，进行及时的反馈和调控，不断改进学习方法。

总之，在实施素质教育过程中，要注重培养学生自主学习的能力，促使学生在教学活动中去自主探索、思考，达到最佳的教学效果。

第四节　中考数学复习指导

中考复习，是初三年级师生必须面对的一个重要教学环节。如何在有限的时间里高质量地提高中考数学复习质量，更有效地提高学生成绩，是一个值得探讨的问题。在此，就我个人多年复习迎考的教学实践以及平时对中考的思考，来谈一点意见与观点。

1. 制订计划，合理安排

切实可行的复习计划能让复习有条不紊地进行下去，起到事半功倍的效果。中考数学复习一般分为三个阶段：基础知识点的复习为第一阶段，专题复习为第二阶段，考前模拟试卷的测评为第三阶段。第一阶段复习，应该紧抓新课标和基本概念的准确性；抓公式、定理的熟记和初步应用；

抓基本技能的正用、逆用、变用、连用、巧用；能准确理解教材中的概念；能独立证明书中的定理；能熟练求解书中的例题；能说出书中各单元的作业类型；能掌握书中的基本数学思想、方法，做到基础知识系统化，基本方法类型化，解题步骤规范化，从而形成明晰的知识网络和稳定的知识框架。第二阶段主要为专题复习。如果说第一阶段是以纵向为主，按知识点顺序复习的话，那么第二阶段就是以横向为主，突出重点，抓住热点，深化提高。这种复习打破章节界限，绝不是第一轮复习的压缩，而是对知识点进行综合、巩固、完善、提高的过程。其主要目标是完成各部分知识的梳理、归纳、糅合，使各部分知识成为一个有机的整体。在这一轮复习中，应防止机械重复第一轮复习；防止单纯地就题论题，应以题论法。第三阶段主要是进行模拟中考的综合拉练。经过前两轮的复习，学生无论是对知识的掌握，还是解题能力的培养都会有所提高，但在临考前心理上却很不稳定，因此要进行必要的适应性训练或模拟训练，以提高解题速度和正确率。建议考生在做好学校正常的模拟测试之余，找几套难度适中的模拟试题，设定考试时间，进行自我模拟测验，以培养良好的应试心理素质。

2. 抓住重点，突破难点

对中考各题型的分析，有利于教师抓住复习的重点、难点，也使教师了解学生学习存在的薄弱环节，以学生的不足之处作为突破口，加大复习的针对力度，形成一种有效的复习策略。例如：针对“近几年的中考试题大部分来源于课本，特别是基础题，多是课本上的原题或由课本中的典型例题改编而来”这一特点，在复习过程中就必须吃透教材，回归课堂，从训练学生阅读教材与理解例题入手，引导他们积极主动地阅读教材，探索例题，做到紧扣教材，夯实基础。通过对课本知识的系统梳理，形成知识网络，对典型问题进行变式训练，达到举一反三、触类旁通的目的。通过阅读教材，系统整理知识，以期让学生达到以下要求：①能把学过的理论系统及其内涵合上书从头到尾说一遍；②能把复习整理过的中心课题、数学思想合上书从头到尾说一遍；③能把典型例题和习题独立分析一遍或者做一遍。

3. 分类指导，逐层推进

一个班级，总是存在着学生的差异。在中考复习中，用一个标准来要求所有学生，我认为是不太妥当的。因为我们不仅要抓合格率，同时也要抓优秀率。就学优生而言，严格要求，加大难度；就中等生而言，要求他们巩固所学，力求进步；就学困生而言，这类学生也许令我们很头痛，也许他们在知识上一无所知，而且在学习态度与学习动机上表现得也很不好，但是仍然要对他们充满耐心，加大情感投入，让他们体会到教师的良苦用心，同时也尽量不去影响其他同学或者正常的教学秩序，或者说，要求他们多多少少记住几个公式，会做几个最基础、最常规的题目。

4．注重细节，规范答题

从近几年厦门中考试题可以看出，基础题目的分值占到80%，需要灵活应用的题目分值只占20%。这正迎合了新课标的基本理念：人人学有价值的数学，人人都能获得必需的数学，不同的人在数学上得到不同的发展。因此，抓住基础题目对每一位考生来说尤为重要，同时还应该注意避免复习过程中的几个误区。①不认真审题：有些考生在复习中为了节约时间往往审题不仔细，看错单位，抄错数字等。②凭印象答题：中考复习中做了大量的题目，部分学生在做题时看见某些熟悉的题目就认为自己曾经做过，从而很快地下了结论，其结果却是错误的。③只做题不总结：数学学习看重的是思路、方法及能力的培养，不少考生只知道多做题，做难题，解题后只对一下答案便了事，忽视了对解题规律的总结，以及题目中蕴藏的数学思想、方法。④答题不规范：试题基本已经答出来了，但是忘记带单位，答非所问等也是常见的错误。

5．了解信息，适应新题

实施新课改后的中考试题在设计上常联系学生生活，选材丰富，新颖有趣，图文并茂，语境多样，时代感强，注意调动学生的多种思维能力，体现了人性化、个性化的特点，突出了学生的主体参与。如果我们孤陋寡闻，仍旧设计出一些层次单一、内容陈旧的试题来训练学生，对中考复习会产生副作用。为此，我们要及时了解中考信息，了解中考的命题原则及考查范围，这样才能更有效地搞好中考复习。如近几年常出现的分类讨论题、举反例题等。

（1）分类讨论题

当数学问题不宜以统一方法处理时，我们常常根据研究对象性质的差异，按照一定的分类方法或标准，将问题分为若干类（全而不重，广而不漏），然后逐类分别讨论，再把结论汇总，得出问题的答案。例如：①已知关于 x 的方程 $x^2-2(k+1)x+k^2+4=0$，当 k 取何值时，方程有两个实数根？②若△ABC 是等腰三角形，$BC=4$，AB，AC 的长是这个方程的两个根，求△ABC 的周长。以上例题主要考查了分类讨论的数学思想方法。

（2）举反例

当一个数学命题错误时，要求你举一个例子并说明理由。例如：已知等边△ABC，D，E 分别是 AC，BC 的中点，联结 DE。①如图 1，若将△CDE 绕点 C 按逆时针方向旋转，判断命题"在旋转过程中线段 CD 与 AD 的长始终相等"是否正确，若正确请证明，若不正确请举出反例。②若将△CDE 绕点 C 按逆时针方向旋转，联结 BD，在旋转过程中，能否找到一条线段的长与线段 BD 的长始终相等，并以图 2 为例说明理由。

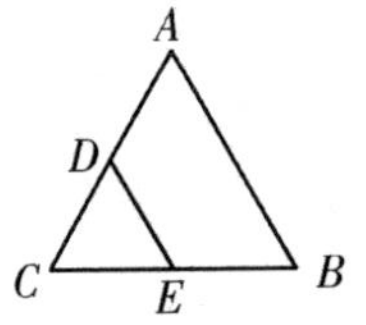

图 1

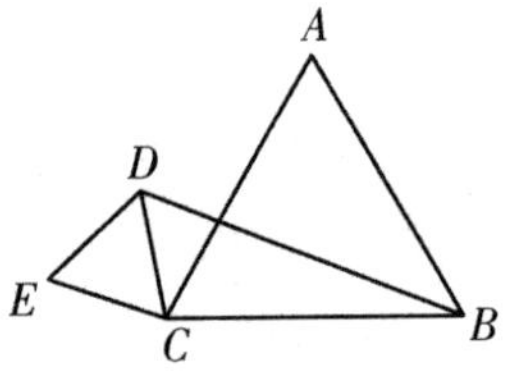

图 2

第六章 指导自主学习学生作品

第一节 科技创新获奖作品

一、学生作品一

从太空中能看到长城吗?

厦门集美中学 朱文飘
指导教师 刘其武
（本作品获厦门市第21届科技创新大赛三等奖）

摘要：从数学角度进行计算，给出“太空中能否看到长城”这一热点问题的明确判断。

1. 引题

金秋十月，我国成功发射了“神舟”5号载人飞船，举国上下一片欢腾。之后，中国首位宇航员杨利伟随团到香港特别行政区访问，并书面回答了香港学生的提问。其中一个问题是这样的。

问：太空中可以看到地球的什么？可以看到长城吗？

答：能看到地球的海岸线、山脉和云。我没有看到长城。

长城是我国乃至人类建筑史上的一项奇迹，据说它是一位美国宇航员在太空中唯一能用肉眼看到的地球上的建筑物。后来又有消息说，这一报道有误，事实并非如此。据报道，曾参加过1972年登月之行的“阿波罗”16号飞船的宇航员查里·杜克说过，从月球上看地球，地球是很小的，只能看到地球上晶莹透蓝的海水，根本看不到长城。

事实是怎样的呢？我们从数学的角度来对这个问题进行判断。

2. 数学解题

长城虽然很长，但是如果想从太空中看到长城，首先必须看到长城的宽度，而长城的宽度约为10米。科学研究表明，人的正常视力能看到的最小物体所形成的视角为1分（1/60度）。设正好能看到长城时宇航员的位置O距离地球x公里。

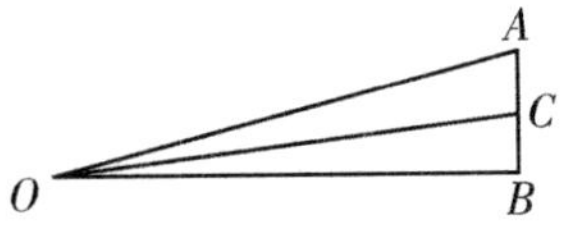

图 1

$AB=10$ 米，$\angle AOB=1'$，$OC\perp AB$，$OC=x$

由 $tg\angle AOC=\dfrac{AC}{OC}$，得

$x=OC=\dfrac{AC}{\angle AOC}=\dfrac{5}{tg0.5'}\approx\dfrac{5}{tg0.0083^0}=\dfrac{5}{0.0001449}$

≈34506.556（米）≈34.5（公里）

这就是说，按照人的最小视角观察地球上长城的宽度，最远距离只能是 34.5 公里。

3. 结论

(1) 从理论上说，肉眼能看到长城的最远距离只能是 34.5 公里。

(2) 肉眼从太空中看不到长城。所谓太空，是指离地球几百公里以上的高空，这个位置比 34.5 公里远得多。杨利伟所在的“神舟”5 号载人飞船运行于离近地点高度 200 公里、远地点高度 350 公里的太空中，虽然绕地球飞行了 14 圈，还是根本无法看到长城。

(3) 从其他星球上更看不到长城。比如，月球是距离地球最近的自然天体，距离约为 38.44 万公里；金星是离地球最近的行星，距离约为 4150 万公里；太阳距离地球约 1.5 亿公里。这些距离都是天文数字，从这么远的地方看长城，根本无法看到。

4. 设想

(1) 如果在月球上能用肉眼看到长城，那么长城的宽度应该是多少呢?

假设图 1 中，OC 为月球到地球的距离，AB 为长城的宽度，则由 $OC=384400$公里，得

$AB=2AC=2\times OC\times\angle AOC=2\times384400\times tg0.0083^0\approx112$（公里）

这就是说，如果长城的宽度有 112 公里，从月球上就可以用肉眼看到它了。

由此可见，“从月球上看长城”仅仅是人类的一个美好愿望而已。

（2）如果想在月球上用高倍望远镜看到长城，那么这样的望远镜倍数至少要多少呢？

这就是说，要把肉眼能看到长城的最远距离34.5公里放大到月球离地球的距离384400公里，这个倍数应该等于 $384400\div 34.5\approx 11142$（倍），对天文光学望远镜来说，这是一个无法达到的数字，只能借助射电望远镜来实现了。

【后记】据新华社报道，小学四年级第七册《义务教育教科书·语文》课本中收有散文《长城砖》，上面有这样一段文字："一位宇航员神采飞扬地说：'我在宇宙飞船上，从天外观察我们的星球，用肉眼辨认出两个工程：一个是荷兰的围海大堤，另一个就是中国的万里长城！'"这明显是在误导学生，必须启动小学课本的革新工作。

二、学生作品二

哥德巴赫猜想

厦门集美中学　李辉

指导教师　刘其武

（本作品获厦门市第21届科技创新大赛二等奖）

你知道"哥德巴赫猜想"吗？这是270多年前德国数学家哥德巴赫提出的问题，即任一大于2的偶数都可以写成两个质数之和。这个猜想一直被称为"皇冠上的明珠"，并吸引了许多著名数学家的注意和兴趣。可惜的是，到现在为止，还没有人能真正揭开"明珠"的神秘面纱。我国著名的数学家陈景润证明了（1＋2），这一成就离最后的结果虽然看上去只有一步之遥，但是其实差得很远。你想和我一起去攻克这一世界级的难题吗？

解决"哥德巴赫猜想"的关键在于对给定的偶数找到两个质数，使其和等于该偶数。然而对于一个较大的数来说，判断是否为质数也并非易事。这时我想到了计算机，那就请计算机来帮忙解决这个问题吧。我准备用浏览器能运行的javascript语言来编程，经过分析，解决这个问题分如下几个步骤。

第一步，要写一个函数，用来判断一个数是否为质数。对于任意给定的一个整数 x，首先用2去除，若不能整除，再用3去除，如此下去，直

到用 $x-1$ 去除，若都不能整除，则 x 就是质数；中间只要有一个数能整除，x 就不是质数，整个过程如图 3 所示。

第二步，做一个带输入框的网页（即表单），输入一个偶数，然后显示找到的两个相应的质数，使其和等于输入的偶数，如图 2 所示。

第三步，写一个函数，对输入的偶数找到相应的两个质数。对于输入的偶数 x，程序首先用判断质数的函数验证 2 和 $x-2$ 是否均为质数，若是，显示结果，任务完成，程序终止；否则再验证 3 和 $x-3$。（如图 4 所示）如此反复，一直验证下去，直到得到结果，并把结果显示在网页上。最后，把上面的两个函数放到网页程序文件中，并把 guest 函数挂在“哥德巴赫猜想”按钮上，输入偶数后，只要点击该按钮，就会自动寻找相应的质数。另外，我还对程序进行了一些“装修”，使它运行时显得更漂亮，并对输入的数进行检查，若不是偶数，则给予警告，并要求重新输入。

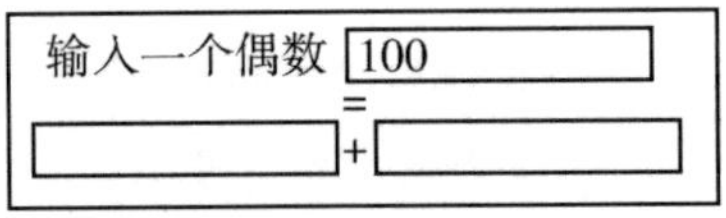

图 2　网页显示

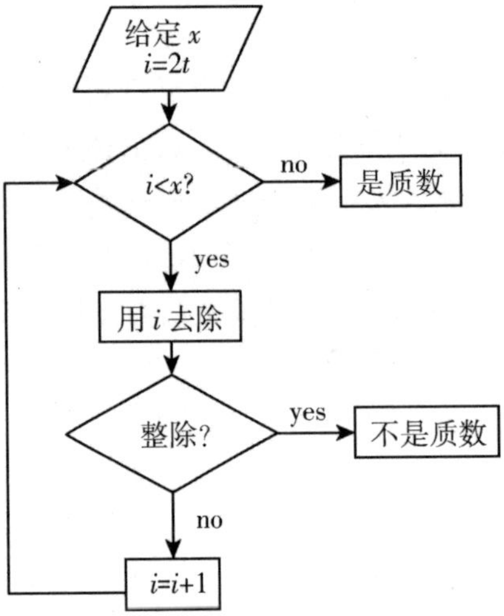

图 3　质数的判断过程

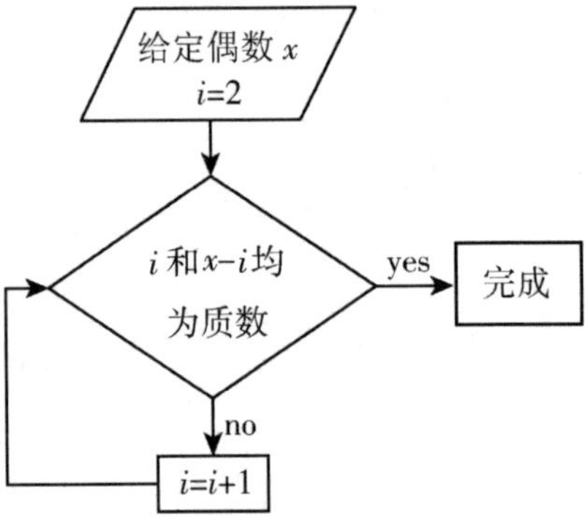

图 4　“哥德巴赫猜想”验证

下面就是我的程序代码：

<Script Language＝" JavaScript" >

```
//判断质数函数
function zhishu (x)
{for (i = 2; i <= x/2; i++)
if ( (x % i) == 0) return false;
return true;}
//哥德巴赫猜想验证函数
function guest () {j=Math. floor
(document. form1. os. value);
document. form1. s1. value="";
document. form1. s2. value="";
for (k=2; k<=j/2; k++)
if (zhishu (k) && zhishu (j-k))
{document. form1. s1. value= k;
document. form1. s2. value = j-k;
break;}} //偶数判断函数 function f2 ()
{j=Math. floor (document. form1. os. value);
if ( (j % 2) == 1) {document. form1. os. value=100;
document. form1. os. selected=true;
alert (" 必须为偶数，请重新输入!!!");
}} </Script><h3><center><form name=form1>输入一偶数<
input name=os value=100 size=10 style=" font-size: 16pt" onFocus
=" s1. value=''; s2. value=''" ><br>=<br><input name=s1 size=
10 disabled=true style=" font-size: 16pt" >+<input name=s2 size
=10 disabled=true style=" font-size: 16pt" ><br><input type=
button value=" 哥德巴赫猜想" style=" font-size: 12pt" OnClick=
guest () onMouseOver=f2 () ></form>
```

现在，“哥德巴赫猜想”似乎被我攻克了，世界级的难题原来这么简单吗？其实不然，我的程序能处理的最大数是4294967295，也就是说，在这个数以内的数都可以验证，而对大于这个数的数，程序就不能进行验证了。而“哥德巴赫猜想”中的偶数是任意大的，只要你能想到的数都可以。最终，计算机还是没有帮我彻底解决这一问题，“哥德巴赫猜想”仍是一个谜。这次实验使我更进一步地了解了“哥德巴赫猜想”，但也使我明白，靠我现在所掌握的知识根本无法攻克这一世界性的难题，今后我一定更加努力学习，将来用自己的智慧和才能去破解这一世界难题。

三、学生作品三

奇妙的圆周率

厦门集美中学　黄甄靓

指导教师　刘其武　张志勇

（本作品获厦门市第30届科技创新大赛三等奖）

摘要：圆周率是一个非常重要的常数，它在数学发展史上具有十分重要的意义，对人类的生产生活产生过深远的影响。本文系统阐述了历史上计算圆周率的经典的、形式各异的算法，结合中学所学数学内容通过数学软件编程对部分算法进行实验验证，得出圆周率的近似值。通过分析这些计算方法及其所得到的结果，揭示了圆周率所蕴含的神秘规律以及研究圆周率对人类的重要作用。

关键词：圆周率，数学软件，实验验证

1. 问题的提出

在我们的日常生活中，随处可见圆形或者圆柱体事物，大的有厦门几座大桥的桥墩，小的有厦门特色的点心肉松饼、海蛎煎等。但是，在制作这些东西的过程中首先应该知道具体用料是多少，这自然会遇到计算面积、体积的问题。而计算这些物体的面积、体积的方法在我们的学习中就有涉及。初中数学课本中给出了准确的计算公式，其中要利用一个有趣的数——π，这个数被称为“圆周率”。比如，圆的半径为 r，那么圆周就是 $c=2\pi r$，其面积为 $A=\pi r^2$；若球的半径为 r，其体积为 $V=\frac{4}{3}\pi r^3$。在计算的时候，老师有时让我们直接用含 π 的表达式表示面积或体积，有时让我们用3.14作为 π 的近似值去计算。为什么这只是一个近似值呢？带着这个问题，我查阅有关圆周率的资料，发现了一个更广阔的天地。物理中的电容计算，生活中的随机现象求概率等都要用到 π，圆周率与虚数单位 i 也有联系。可见，圆周率的用处真大！从有文字记载的历史开始，圆周率就引起了人们的兴趣。

很早以前，人们就发现圆的周长和直径的比例是一个固定值，并称这个值为“圆周率”，它与圆的大小无关。但圆周率到底是多少呢？古往今来，许多科学家倾注大量的精力使用各种巧妙的方法得到了圆周率的近似值。“周三径一”，即圆的周长略大于直径的 3 倍，就是我国古代劳动人民从生产实践中总结出来的圆周率，并最终被记载在《周髀算经》中（见图 5）。

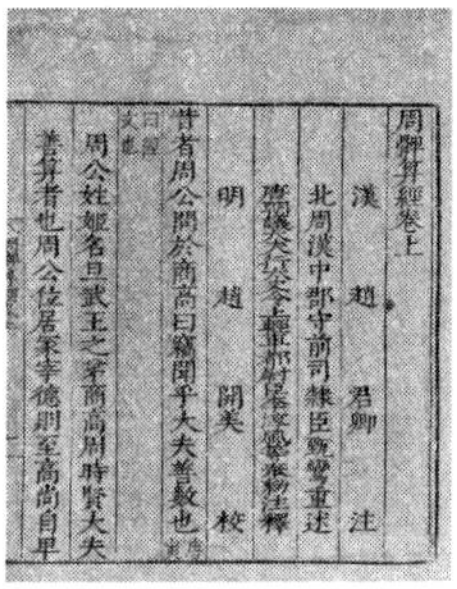
周髀算經卷上
漢 趙 君卿 注
北周漢中郡守前司隸臣甄鸞重述
唐朝議大夫行太史令上輕車都尉臣李淳風等奉勅注釋
明 趙 開美 校
昔者周公問於商高曰竊聞乎大夫善數也
周公姓姬名旦武王之弟商高周時賢大夫
善算者也周公位居冢宰德則至高尚自卑

图 5 《周髀算经》

图 6 刘徽

我国魏晋时期的刘徽（见图 6）发明了割圆术，利用内接正多边形确定了圆周率的上、下界，比阿基米德既用内接正多边形又用外切正多边形的方法简捷得多。他提供了一种绝妙的精加工办法，将割到 192 边形的几个粗糙的近似值通过简单的加权平均，竟然获得具有 4 位有效数字的圆周率 $\pi=3927/1250=3.1416$。在此之后，南北朝时期著名数学家祖冲之又进一步算出精确到小数点后 7 位的 π 值（约 5 世纪下半叶），给出不足近似值 3.1415926 和过剩近似值 3.1415927，还得到两个近似分数值，密率 355/113和约率 22/7，这一结果被命名为“祖率”。

17 世纪初，德国人鲁道夫用了几乎一生的时间钻研这个问题。他是从正方形开始计算的，一直推导出了有 2^{62} 条边的正多边形，即约 4，610，000，000，000，000，000 边形。这样，算出小数点后 35 位。于是，在德国，圆周率 π 被称为“鲁道夫数”。但是，用几何方法求其值，计算量很大，鲁道夫可以说已经登峰造极。古典方法已引导数学家们走得很远，再向前推进，必须在方法上有所突破。

17 世纪出现了微积分，这一锐利的工具使得许多令初等数学束手无策的问题迎刃而解。π 的计算历史也随之进入了一个新的阶段。这一时期，人们开始摆脱求多边形周长的繁杂计算，利用无穷级数或无穷连乘积来计算π。

1948年1月，弗格森和伦奇两人共同发表有808位正确小数的π，成为人工计算π的最高纪录。

1946年，世界上第一台计算机ENIAC制造成功，标志着人类历史迈入了计算机时代。计算机的出现导致了计算方面的根本革命。1949年，ENIAC根据梅钦公式计算到2035（一说是2037）位小数，包括准备和整理时间在内仅用了70小时。目前比较新的纪录是2011年IBM“蓝色基因/P”超级计算机算得小数点后60，000，000，000，000位。

对我们中学生而言，在学习正确使用圆周率学习数学相关知识的同时，可以动手沿着前人的足迹，设计一些可行的算法，尝试计算圆周率的近似值。通过这项研究，对圆周率产生深刻的印象，较全面地了解圆周率，进而形成自己的见解。

2. 计算，实验及分析

圆周率最早被提出是为了解决有关圆的计算问题，那我们就从最简单的圆入手进行实验计算吧。

（1）验证“周三径一”

瓶装纯净水的瓶盖是标准的圆形，我们用一根线绳缠绕圆瓶盖一周之后测量周长约是9.7厘米，然后用直尺测量一下瓶盖圆的直径约为2.8厘米，再用周长除以直径得到近似商3.46。随后，我们又找来一瓶黄豆酱的瓶盖，用同样的方法测量，得周长约为20.5厘米，直径约为6.5厘米，两者相除的商约为3.15。这两个值都体现出圆的周长略大于直径的3倍，即“周三径一”。并且可以观察到，测量所用的圆形越大，得到的比值越接近3.14这个比较准确的近似值。

（2）几何法计算

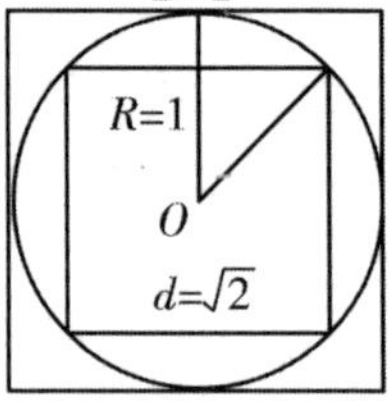

图7

用圆规在纸上画出半径为1的圆，在圆的内部画出一个内接正方形，外部画出一个外切正方形（如图7）。已知圆外切正方形的边长是2，周长为8，我们利用等边直角三角形的勾股定理可以计算出圆内接正方形的边长的平方是2，则边长为$\sqrt{2}$，周长就是$4\sqrt{2}$。这样，圆的周长就介于这两个值之间，由此，我们得出了$2\sqrt{2}<\pi<$

4，即 2.828<π<4。

我们进一步在圆的内部做出内接正六边形（如图 8）。很容易发现，圆心和正六边形的顶点连线构成了 6 个全等三角形，于是内接正六边形的周长为 6，这样和外切正方形周长联系起来，得出 3<π<4。

再接着，我们在上面被六边形顶点分割的 6 段圆弧上再各取中点进行连线，得到正十二边形，现在计算一下十二边形时 π 的近似值的变化（如图 9）。如图所见，原来边长为 1 的等边三角形对应的每个角是 30°，通过分割圆心角一分为二变成 15°了，这里要用到一点高中的三角函数知识，内接十二边形的边长为 $2\sin 15^\circ \approx 0.51765$，计算出周长约为 6.21，这样类似得出 3.11<π<4。

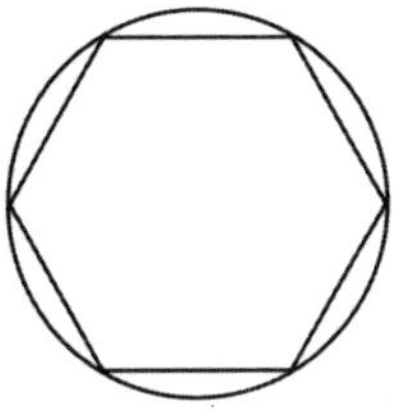

图 8

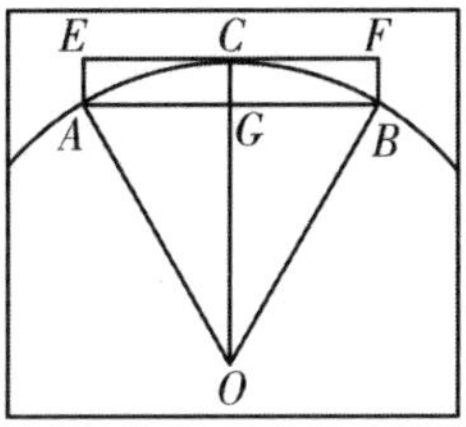

图 9

你看，随着内接正多边形的边数越来越多，它的周长越接近圆的周长了，所得到的圆周率的下界就越来越准确了。由于尺规操作的不便，我们这里没有依此画出外切的正多边形进行逼近，所以 π 的上界没有进一步的提高精度。不过，以上的方法已经能够让我们知道，用外切正多边形和内接正多边形去逼近圆周率，边数越多，近似程度越好。这使我不禁想到一句话：没有最好，只有更好！

(3)“蒲丰投针”计算法

这个实验的方法其实很简单。找一根粗细均匀、长度为 d 的细针，另在一张白纸上画一组间距为 l 的平行线（方便起见，常取 $l=\frac{d}{2}$），然后一次又一次地将针任意投掷在白纸上（如图 10，在下一页）。这样反复地投多次，数一数针与任意平行线相交的次数。用投掷次数的两倍除以针与平行线相交次数的商，就得到 π 的近似值啦。这个计算 π 的方法比较新颖、有趣。这个实验也具有重要的历史意义，成为用偶然性方法去解决确定性计算的先导。

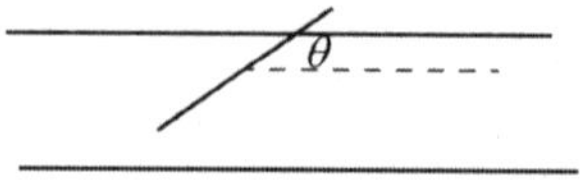

图 10

（4）计算机模拟计算

随着计算机的普及及软件运行速度的不断提升，可以尝试用计算机模拟实验或编程计算出圆周率的近似值。我们查阅了相关的资料，发现名字叫“MATLAB”和“Mathematica”的数学软件可以进行相关的编程计算。其实，利用计算机计算的主要原因就是它可以模拟出随机数，并且运算速度非常快，但是运用计算机实验算法前，必须自己先想好可行的思路。把“蒲丰投针”计算法运用到计算机编程中该怎么操作呢?

以 Mathematica 为工具，我们设计了这样的方案：在一个边长为 2 的正方形里投入大量的随机点。随机点落在正方形的任一点的机会都是相等的（如图 11），所以统计一下落在内切的半径为 1 的圆内的点数与落在正方形内的点数，两者点数的比值应该近似为面积之比$\frac{\pi}{4}$。

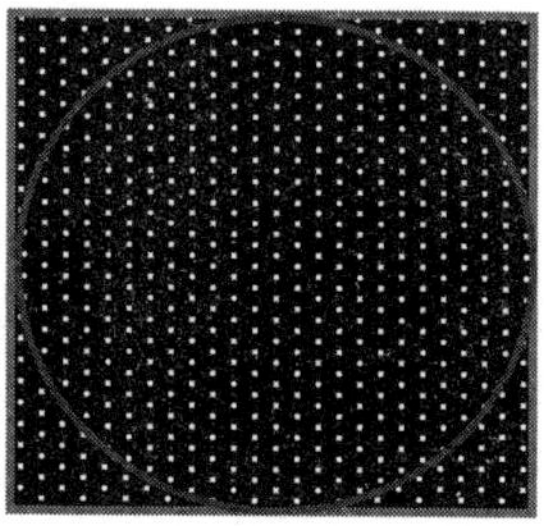

图 11

于是，利用 Mathematica 语言，构建边长为 2 的正方形和半径为 1 的内切圆，并随机投点 1 万次。具体编程：

```
In [1]        n=10000;
S4=Block [ {i, m=0}, For [i=n, i>0, i--,
m=m+If [Random [] ^2+Random [] ^2<=1, 1, 0]];
  N [4*m/n, 10]]
```

然后运行输出结果得到

Out [2]　　3.1352

这个数据和真值相比误差比较大。根据前面实践的经验，我们增加投点的次数到 5 万次，

In [1]　　n=50000;

可以看到

Out [2]　　3.15336

还是不够好，接着再增加投点的次数到 10 万次，

In [1]　　n=100000;

得到

Out [2]　　3.14736

可见，投点的次数越多，圆周率的精确度越高。用计算机软件计算实在太快捷了！大家都可以动手试一试。

3. 总结及展望

通过以上的实验和讨论，我们有了很大的收获。首先，通过各种不同的实验都得到了圆周率的近似值；其次，我们更好地领悟了逼近的思想，知道做实验需要锲而不舍的精神，不断地精进才能得到较好的结果。没有最好，只有更好！再次，我们产生一个疑问，难道圆周率是个无限不循环小数吗？这个有限和无穷之间的联系到底是什么呢？这使我们对数学产生了更浓厚的兴趣。

还有很多奇妙的计算 π 的值的方法，并且有些看上去有趣而美观，你看：

$$\pi==3+\cfrac{1}{6+\cfrac{9}{6+\cfrac{25}{6+\cfrac{49}{6+\cfrac{81}{6+\cfrac{121}{6+\cdots}}}}}}$$

$$\frac{1}{1}-\frac{1}{3}+\frac{1}{5}-\frac{1}{7}+\frac{1}{9}-\cdots=\frac{\pi}{4}$$

$$\frac{2}{1}\cdot\frac{2}{3}\cdot\frac{4}{3}\cdot\frac{4}{5}\cdot\frac{6}{5}\cdot\frac{6}{7}\cdot\frac{8}{7}\cdot\frac{8}{9}\cdots=\frac{\pi}{2}$$

……

现代科技领域使用的 π 值，有十几位已经足够。如果用鲁道夫的 35 位小数的 π 值计算一个能把太阳系包围起来的圆的周长，误差还不到质子直径的百万分之一。那么，为什么数学家们还像登山运动员那样，奋力向上攀登，一直求下去而不停止对 π 的探索呢？为什么其小数值有如此的魅力呢？

（1）它目前可以被人们用来测试或检验超级计算机的各项性能，特别是运算速度与计算过程的稳定性，这对计算机本身的改进至关重要。多年以前，当Intel公司推出奔腾（Pentium）时，发现它有一点小问题，这个问题正是通过运行π的计算找到的。这正是超高精度的π计算直到今天仍然有重要意义的原因之一。

（2）计算的方法和思路可以引发新的概念和思想。虽然计算机的计算速度超出任何人的想象，但毕竟还需要由数学家去编制程序，指导计算机正确运算。因而，如何改进计算技术，研究出更好的计算公式，使公式收敛得更快，能更快地达到较高的精确度仍是数学家们面临的一个重要课题。

（3）有人想，计算时能否不从头开始，而是从半截开始呢？这一根本性的想法就是寻找并行算法公式。1996年，圆周率的并行算法公式终于找到了，但这是一个16进位的公式，这样很容易得出1000亿位的数值。是否有10进位的并行计算公式，仍是未来数学需要解决的一大难题。

有如下的统计结果：在圆周率的60亿数字中已出现连在一起的8个8，9个7，10个6；小数点后第710150位与3204765位开始，均连续出现了7个3；小数点后第2747956位起，出现了有趣的数列876543210，遗憾的是前面缺个9；还有更有趣的数列123456789也出现了。

如果继续算下去，各种类型的数字列组合可能都会出现。通过几何、微积分、概率等广泛的范围和渠道发现π，这充分显示了数学方法的奇异美。这些表面上看起来风马牛不相及的实验，却都殊途同归地精确计算出了圆周率π的值，这的确让我们赞叹世界的奇妙。

人们在英国威尔特郡发现了一个直径达150英尺（约46米）的麦田怪圈（如图12，在下一页）。这个怪圈的图案十分诡谲，乍看上去似乎由一组呈放射状分布的同心圆组成，专家们试图揭开其玄妙含义，却全都无功而返。很多人一致认为，这是英国迄今出现过的最复杂的麦田怪圈。

英国天体物理学家迈克·里德经过仔细研究，得出惊人结论：这个麦田怪圈竟然暗含着精确到小数点后第9位的圆周率——3.141592654（如图13，在下一页）。

让我们通过对圆周率π的探索，来揭示大自然更多的奥妙吧！

图 12

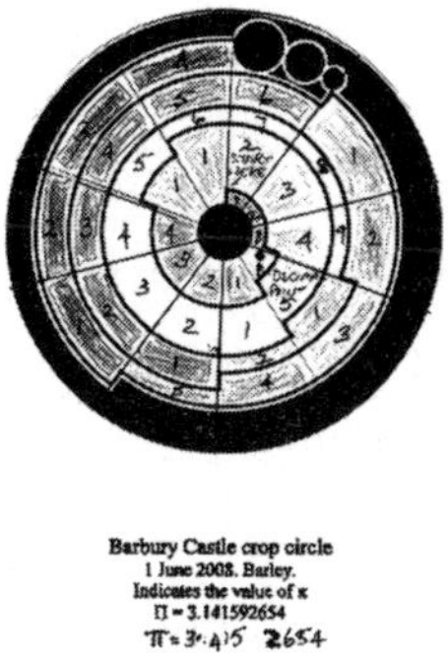

图 13

参考文献

[1] 李文林．数学史概论（第 3 版）［M］．北京：高等教育出版社，2011.

[2] 龚升，林立军．简明微积分发展史［M］．长沙：湖南教育出版社，2005.

[3] 李尚志．数学实验（第 2 版）［M］．北京：高等教育出版社，2010.

第二节　学生数学小论文

一、小论文一

瓷砖中的数学

厦门集美中学　李辉

指导教师　刘其武

生活中处处都有数学，铺地板也是要用到数学的，如什么形状的瓷砖能用来铺满地板，用哪几种图形的瓷砖组合才能铺满地板……

我们最常用的图形是正方形，为什么呢？这是因为正方形的外角和为360°，每个角为90°，正好是360°的约数；如果用正五边形铺的话，每个内角为108°，$360\div108=3\frac{1}{3}$，不是整数，所以用五边形铺不满地板；如果用正六边形铺，每个内角为120°，正好是360°的约数，所以用正六边形可以铺满地板。

由此我们可以得知，只要正N边形的一个内角为360°的约数就可以用来铺满地板。但是，如果几个不同的多边形在一起时该怎么办呢？这时我们就应该考虑用其他的方法来做了。正六边形加正三角形可以吗？让我们来试一试。设有X个正六边形，Y个正三角形，120°X＋60°Y＝360°，解得：X＝1，Y＝4；X＝2，Y＝2；说明1个正六边形加4个正三角形或2个正六边形加2个正三角形可以铺满地板。

现在我们来试一试用3个正多边形能不能铺满地板。我们以正三角形、正四边形和正六边形为例。设有X个正三角形，Y个正四边形，Z个正六边形，方程为60X＋90Y＋120Z＝360°。解这个比较麻烦，要一个一个地试。解得：X＝1，Y＝1，Z＝1。就是一个正三角形加一个正四边形加一个正六边形正好可以铺满地板。同学们，你们可能会问，如果是不规则的四边形呢？（如图14）没关系，看我的。由于四边形内角和为360°，所以只要改变一下方向就可以了。

单单一个瓷砖就有这么多的学问呢！数学世界中还有数不尽的“宝藏”等待着我们去探寻，跟我一起来吧！

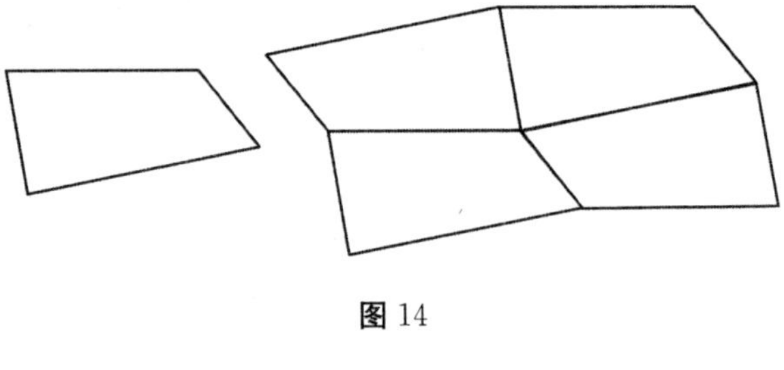

图14

二、小论文二

数学美

厦门集美中学 张晴怡
指导教师 刘其武

数学是一种无比深奥、无比复杂的科学。

早在原始社会，我们的老祖先就开始运用数学了，诸如结绳计数等都是我们智慧的人类想出来的计数方法。虽然现在看来，这些计数方法很可笑，可在当时也着实给人们带来了便利。由此可见，远古人类已经发现了数学的魅力。

随着科学的迅速发展，一个又一个数学难题被破解。我国著名的数学家祖冲之、华罗庚、陈景润等都为数学事业做出了杰出的贡献。

祖冲之是我国古代最伟大的数学家之一，他发明的圆周率 π 精确到了 3.1415926 与 3.1415927 之间，比西方国家早了 1000 多年。因此，被人们称为“圆周率之父”。

华罗庚是一位自学成才的数学巨匠，他对数学的痴迷令人赞叹。他失学回家后一边帮助父亲照顾小店，一边自学，常常达到如痴如醉的程度，而忘记接待顾客。他经常闹笑话，不是气走了顾客，就是算错了账，多找了钱。父亲气极了，就把华罗庚演算用的草纸撕掉，扔到街上。有一次，父亲一气之下要烧掉数学书，华罗庚心如刀绞，竟休克昏倒在地。华罗庚一生硕果累累，是中国解析数论、典型群、矩阵几何学、自导函数论等方面的研究者和创始人，其著作《堆垒数论》更成为 20 世纪数学论著的经典。

陈景润是世界著名解析数论学家之一，他在 20 世纪 50 年代即对高斯圆内格点问题、球内格点问题、塔里问题与华林问题的以往结果，做出了重要改进。20 世纪 60 年代后，他又对筛法及其有关重要问题进行了广泛而深入的研究。

1966 年，居于 6 平方米小屋的陈景润，借一盏昏暗的煤油灯，伏在案板上，用一支笔，耗去了几麻袋的草稿纸，居然攻克了世界著名数学难题“哥德巴赫猜想”中的（1＋2），创造了距摘取这颗数论“皇冠上的明珠”（1＋1）仅一步之遥的辉煌，使他在“哥德巴赫猜想”的研究上居世界领先地位。

我想，这些数学家们如此着迷地去研究数学，不仅仅是因为他们本身的兴趣与毅力，更重要的是数学的特殊美吸引着他们去探索。

三、小论文三

用转化的方法进行简算

厦门集美中学　朱文飘

指导教师　刘其武

对于简单的数学计算，只需要按计算顺序一步步往下做就能轻松完成，但是，遇到数字较大的呢？普通的算法很慢，又不准确，得找出窍门才能顺利完成。

为了能简便而又准确地进行计算，我思考了很久，通过看书及查找资料，终于认识了简便运算的主要方法。

其实，简便运算的方法有很多种，而主要的方法是进行数或式的转化，也就是通过算式的等值变形，使题目中的数据变得简单，使计算方法简化，从而达到巧算的目的。

一般有以下几种情况。

（1）凑整，就是将某些数据凑成整数。例如：$999+787=(999+1)+786$。这样能使运算的速度加快，也不容易出错。

（2）凑成某些便于计算的特殊数据。例如：$37\times3=111$。这样能使运算变得较为简单，也便于巧算。

（3）凑成某些便于口算的较小数据。例如：$4\times25=100$，这样能使运算简化。

（4）利用0和1的特征。例如：$99\times99+99=99\times99+99\times1$。这样能使算式配合各种运算定律，让计算更加简便。

（5）消去题目中的一些数据。例如：$10+5-5=10$，这样能使题目易于计算，甚至只要口算即可。

例题：计算“$67\times999+99\times333$”有几种不同的解法。

解法1：将999和99分别看成$1000-1$和$100-1$。

原式$=67\times(1000-1)+(100-1)\times333=99900$

解法2：将999拆分成3×333，使333能与另一个333构成公因数。

原式＝67×3×333＋99×33 ＝99900

结论：其实，要想提高巧算能力并不难，只要我们增强对题目中数据的洞察能力以及灵活运用运算定律，就一定能迅速而又准确地进行计算。

四、小论文四

浅谈数学发展史

厦门集美中学　黄立涵

指导教师　刘其武

数学，就是研究数量和形状的学问。高斯曾说过："数学是科学的女皇。"数学最初是从300多万年前的结绳记事开始的。也就是说，人们在懂得如何应用文字之前，就已经懂得如何计算了。后来，经过了古巴比伦、古埃及、古印度、古阿拉伯、古希腊以及古中国等文明古国的孕育，数学终于诞生了。

数学是十分丰富有趣的，它是一个由各种数组成的大家族。

自然数是最早被人们了解的一类数。它们有着许多奇妙的性质。

取任意一个四位数，把它的各位数字从大到小写一遍，再从小到大写一遍，然后相减，得出一个数，然后对这个数重复上述运算，无论是多大的四位数，只要4个数字不全相同，最多进行7次运算，终将得到6174这个数。

对任意一个六位数按上述方法计算，会得到三种结果：①631764的重复；②549945的重复；③840852，860832，862632，642654，420876，851742，750843这7个数的重复。对八位数和十位数进行计算也能得出类似的结果。

任取一个三位数，将它的各位数字倒着排出来，成为一个新的数，然后与原数相加，反复这样做。对于大多数自然数，很快就会得到一个从左到右读和从右到左读完全一样的数。这种数叫作"对称数"（或"回文数"）。但有几个数十分特别，它们永远产生不了对称数，如196这个数。

继自然数之后，数的家族又陆续增加了分数、小数，逐渐形成了有理数家族。但这时，一场无理数的风波产生了。

很久以前，人们认识的数只在有理数的范围内。公元前5世纪时，古希腊的毕达哥拉斯学派是一个研究数学的团体，他们认为一切数都是整数或者整数与整数之比。有一个名叫“希帕索斯”的学生，在研究正方形时，发现边长为 1 的正方形，它的对角线的长既不能表示为整数也不能表示为分数，那这是一个什么样的数呢？毕达哥拉斯学派的人左思右想，没有结果，但这件事使毕达哥拉斯学派的观点产生了动摇，从而导致西方数学史上的第一次数学危机。这个既不能表示为整数也不能表示为整数与整数之比的数就是人们认识的第一个无理数。

无理数的发现，使数的概念又扩展了一步。

有了无理数之后，数的概念进一步扩展到实数范围。这时，又产生了一种全新的数——虚数。

虚数是在解方程时产生的，求解方程式，常常需要将数进行开方运算。但如果被开方数是负数怎么办呢？数学家们认为负数是没有平方根的。

1637 年，法国数学家笛卡儿在其《几何学》一书中第一次给出“虚数”的名称，认为其与“实数”相对应。

参考文献

[1] （美）珍尼特·沃斯，（新西兰）戈登·德莱顿. 学习的革命[M]. 上海：上海三联书店，1998.

[2] （美）Stephen D. Brookfiled，Stephen Preskill. 讨论式教学法[M]. 北京：中国轻工业出版社，2002.

[3] 王永，佘文森，张文质. 指导—自主学习 [M]. 福州：福建教育出版社，1998.

[4] 任勇. 中学数学学习指导的研究与实践 [M]. 北京：北京航空工业出版社，2012.

[5] 龚正行. 中学生学习方法指导 [M]. 北京：华夏出版社，2005.

[6] 陈时见. 课堂学习论 [M]. 桂林：广西师范大学出版社，2001.

[8] Linda Campbel，Bruce Campbell，Dee Dickinson. 多元智能教与学的策略 [M]. 北京：中国轻工业出版社，2001.

[9] 徐嘉. 直面传统教育 [M]. 北京：海潮出版社，2002.

[10] 华国栋. 差异教学论 [M]. 北京：教育科学出版社，2001.

[11] 陈心五. 中小学课堂教学策略 [M]. 北京：人民教育出版社，2007.

[12] 吴庆麟等. 认知教学心理学 [M]. 上海：上海科学技术出版社，2000.

江苏凤凰教育出版社
《行知工程》系列丛书目录

系列	序号	书名	主编	定价
精彩课堂系列	1	《英语课堂学习共同体——新型的师生交互学习场》	杨延从	30.00
	2	《指导自主学习——初中数学学与教的研究与实践》	刘其武	30.00
	3	《真实的品德课》	朱淑秀	30.00
	4	《玩出精彩的课堂——小学低年级教与学方式转变研究》	陶红松	30.00
教育管理力系列	5	《缔造唯美教育——延奎小学素质教育实施策略》	易增加	30.00
	6	《让普通学校崛起的20个细节 ——“生命为本”教育团队成长密码》	李其玉	30.00
	7	《“走”出教育的精彩：走动式学校管理文化构建》	罗　军	30.00
	8	《校长兵法：学校管理四十六计》	皮大鹏	30.00
教师修炼系列	9	《教育，爱与宽容——教师心灵礼仪修炼》	许力争	30.00
校本研修系列	10	《卓越教师经典研修成长策略》	刘天宝等	30.00
	11	《校本研修资源的开发与利用》	陈朝林	30.00
	12	《校本研修与教师专业成长》	吴积军	30.00
	13	《特色校本课程开发范例解读》	刘永平　李秀伟 张雪梅	30.00
	14	《高效校本研修模型构建艺术》	刘素雁	30.00
	15	《走向实践的教研——中小学教育科研引领与应用》	江　敏	30.00
班级文化系列	16	《活力班级的文化建设》	胡　珏	30.00
	17	《做幸福的班主任》	吕　丽	26.00
教育家核心思想系列	18	《叶圣陶谈阅读》	叶圣陶 著 李怀源 选编	30.00
	19	《多元智能理论的本土化应用》	刘治富	30.00
	20	《大教育家最具施教力的教学思想》	白刚勋	30.00
高效能教学系列	21	《高效能教师的10个好习惯（中学卷）》	张　瑾	30.00
	22	《让作文落地生根——提高写作实效的教学策略》	黄桂林	30.00
	23	《高效能作文教学5项修炼》	陈步华	30.00
	24	《高效能校长的10个好习惯》	张　勤	30.00
	25	《高效能教师的10个好习惯（小学卷）》	谢　英	30.00
	26	《高效能语文教学5项修炼》	王其华	30.00

系列	序号	书名	主编	定价
新课程探索系列	27	《语文新课程的批判与重建》	葛桂斌	30.00
美国名师教学译丛	28	《美国名师游戏教学本土化应用：幼儿园》	（美）玛西娅 L. 泰特 著 胡珍 瞿菁 编译	30.00
	29	《美国名师游戏教学本土化应用：小学英语》	（美）玛西娅 L. 泰特 著 杨永华 张心影 编译	30.00
	30	《美国名师游戏教学本土化应用：小学数学》	（美）玛西娅 L. 泰特 著 谢艳红 编译	30.00
	31	《美国名师游戏教学本土化应用：小学科学》	（美）玛西娅 L. 泰特 著 刘丽萍 编译	30.00
	32	《美国名师游戏教学本土化应用：小学社会》	（美）玛西娅 L. 泰特 著 姜梅芳 编译	30.00
	33	《美国名师游戏教学本土化应用：小学音体美》	（美）玛西娅 L. 泰特 著 尹立志 编译	30.00
鲁派名师名校·教育探索者系列	34	《悦读立人——校园阅读文化体系构建策略》	杨世臣	30.00
	35	《教育智慧何处来——一位特级教师的思考手记》	付立金	30.00
	36	《和雅文化——校本课程的创新构建》	汤善香	30.00
	37	《让个性绽放精彩——学校课程体系整合与创生》	谢建伟 徐淑萍	30.00
	38	《让每个学生都幸福——最能润泽生命的学校文化建设》	谢建伟 张新喜	30.00
创新教学探索系列	39	《神奇的阅读教室——带学生踏上美妙的阅读之旅》	李祖文	30.00
	40	《打造有生命力的课堂 ——“两步八环节”教学模式探索与实践》	查联智	30.00
	41	《最能培养学生探究能力的课堂 ——小学科学与信息技术单元整体课程实施与评价》	李怀源	30.00
	42	《最能激发学生运动天赋的课堂 ——小学体育单元整体课程实施与评价》	李怀源	30.00
	43	《最能提升学生艺术素养的课堂 ——小学艺术单元整体课程实施与评价》	李怀源	30.00
	44	《“生命语文”探索——焕发语文生命力的思考与实践》	王自成	30.00
	45	《粘连作文教学：让习作成为有个性的自我建构》	黄瑞夷	30.00
	46	《备学式教学——在体验中建构数学思维》	单广红 范雪梅	30.00
	47	《向着自主进发——自主教育的创新实施智慧》	朱亚红	30.00
	48	《写中学——让学习更有效的学科写作教学》	钟传祎	30.00
	49	《小学科学实验总动员 ——大科学课堂有效提升学生创新力》	江美华	30.00
	50	《小学语文单元整体课程实施与评价》	李怀源	30.00
	51	《小学英语单元整体课程实施与评价》	李怀源	30.00
	52	《小学数学单元整体课程实施与评价》	李怀源	30.00

系列	序号	书名	主编	定价
生态化校园系列	53	《点燃学习的激情——构建校园生态化学习型组织》	杨树岳	30.00
	54	《课改突围——构建学校生态化教学体系》	杨树岳	30.00
教育新思考系列	55	《语文教育向何处去》	王　丛	26.00
	56	《教育，就是做好普通的事》	孙志毅	27.00
	57	《走出语文的偏见——让学生体悟文本的原义》	丛智芳	30.00
	58	《让语文教学更高效——批注式阅读教学探索》	韩中凌	30.00
	59	《读写互促——探寻学以致用的语文教学》	曹　龙	30.00
	60	《跳出数学教数学——用文化融通数学教学》	马建秀	27.00
名师感悟系列	61	《让心灵伴着歌声成长——22位音乐名师的教育智慧》	陈　璞	30.00
	62	《超越自我的教师——32位名师的成长感悟》	李卫东　李秀伟	35.00
	63	《心灵的守护者——19位名班主任的教育智慧》	王晓松　曲文弘	30.00
	64	《名师感悟班主任有效工作艺术90例》	符礼科	30.00
	65	《名师感悟有效教学90例》	林高明　徐玉烟	30.00
信息化教学系列	66	《巧用白板教语文——信息技术与语文教学操作指南》	蒋丽清	30.00
	67	《跨越式实现高效课堂——信息技术与课程整合高效教学方案评析》	陈　玲　刘　禹	30.00
教师必读系列	68	《教师必学的16堂修养课》	武宏伟	30.00
	69	《教师不可不知的教学心理效应》	叶勇军	30.00
	70	《班主任不可不知的管理效应》	奚一琴	30.00
	71	《教师不可不知的教育心理效应》	孙　媛	30.00
	72	《校长不可不知的管理效应》	谢申刚　张金豹	30.00
	73	《成为好教师的7项修炼》	王福强　李维华	30.00
	74	《如何让学生会学习》	龙　冰	30.00
	75	《如何让学生爱学习》	周震宇　许小燕	30.00
核心教学主张系列	76	《新生代语文名师核心教学主张》	许友兰	30.00
学生心理解码系列	77	《孩子问题行为一点通——只有好老师才知道的学生心理谜底》	严育洪	30.00

系列	序号	书　　名	主编	定价
教育求索系列	78	《思政教学的人文力量》	戴晓华	30.00
	79	《师道新说——给教育者的30条箴言》	徐　卫	30.00
行思讲坛系列	80	《灵动而朴素地教语文——潘文彬的微格教育生活》	潘文彬	30.00
	81	《师爱无疆——润泽学生心灵的教育故事》	侯忠彦	30.00
	82	《怎样反思更有效——促进教师专业发展的反思策略》	诸贝贝	30.00
	83	《成为高度自觉的教育者——写给后课标时代的数学教师》	许卫兵	30.00
	84	《哲思数学课》	刘全祥	30.00
	85	《把学生教聪明》	严育洪	30.00
	86	《教师最应该规避的教育误区》	杨坤道	30.00
	87	《用语文的方式教语文——潘文彬教学主张与实践智慧》	潘文彬	30.00
	88	《怎样让阅读教学更有效 ——提升教学能力的十种读诵模式》	汪秀梅	28.00
	89	《让生命在润泽中起舞——当代小学生最需要的主题班会》	吴联星　罗　琳 冯卫东	30.00
	90	《让生命欢快拔节——当代中学生最需要的主题班会》	冯卫东　吴联星	30.00
	91	《课堂因生成而精彩——高效教学的生成智慧》	张文质	30.00
	92	《回到每一个人的生命化教育 ——张文质二甲中学教育行动录》	张文质	30.00
	93	《智慧数学课——黄爱华教学思维的实践策略》	黄爱华	30.00
中国教育变革之路丛书	94	《百年树人师何为——教师队伍建设困顿与出路》	将丽珠　李玉向	30.00
	95	《入园何时不再难——学前教育困惑与抉择》	曾晓东 范　昕　周　慧	30.00
	96	《三尺书桌何处寻——流动人口子女教育困难与破解》	范先佐	30.00
	97	《苦旅何以得纾解——高考改革困境与突破》	郑若玲	30.00
	98	《择校纠结何时了——择校问题困局与治理》	曾晓东　周文海 曾娅琴	30.00
创新教学思想系列	99	《“大问题”教学的形与神》	黄爱华　张文质	30.00
校长领导力系列	100	《高品质学校生长要素》	王益民	30.00
	101	《校长高校教学领导力提升策略》	徐世贵　郭文哿	30.00
教育漫笔系列	102	《课堂，诗意地栖居》	吴书华	30.00

系列	序号	书　名	主编	定价
新思维系列	103	《教育中的“不一定”——打破教育的19种思维惯式》	严育洪	30.00
教学提升系列	104	《有思想地教阅读——让学生学会品读文字真意》	王学东	30.00
教育艺术提升系列	105	《藏在师生体态语言里的教学智慧》	张　宇　廖生波	30.00
教学全手册系列	106	《小学习作教学全手册》	郭家海	30.00
	107	《中学写作教学全手册》	郭家海	30.00
	108	《情境教学操作全手册》	冯卫东	35.00
	109	《合作教学操作全手册》	李春华	35.00
	110	《探究教学操作全手册》	周新桂	35.00
	111	《自主教学操作全手册》	诸葛彪	35.00
	112	《创新教学操作全手册》	王　玮	35.00
	113	《班主任工作全手册》	刘沛华	35.00
	114	《新教师工作全手册》	周震宇	35.00
	115	《学生心理健康教育全手册》	刘海莉　刘春杰	35.00
	116	《高效教学操作全手册》	马友平	35.00
教育思想者系列	117	《教育，一切从孩子出发》	黄　俭	30.00
创新人才培养系列	118	《创新人才培养校园科普精品课程开发与指导——人大附中创新人才培养》	罗　滨	30.00
	119	《创新人才培养特色校本课程开发与创新人才培养——清华附中“国际安全下的科学技术”课程构建与实施》	王殿军　方　研　赵宏雁	30.00
	120	《创新人才培养：学校实验室建设与管理》	刘克文　杨发丽　杨　平	30.00
	121	《创新人才培养：数学探究活动开发与指导》	马云朋　韩继伟	30.00
	122	《创新人才培养：化学研究活动开发与指导》	王　磊	30.00
	123	《创新人才培养：物理探究活动开发与指导》	廖伯琴	30.00
	124	《创新人才培养：地理探究活动开发与指导》	张建珍　陈　澄	30.00
	125	《创新人才培养：生物探究活动开发与指导》	张迎春	30.00
	126	《创新人才培养：理念探索与思维突破》	王晶莹	30.00

系列	序号	书　　名	主编	定价
新生代通派名师系列	127	《简约数学教学》	许卫兵	30.00
	128	《语文教学的本真——情意课堂展现母语之美》	吴建英	30.00
	129	《语文课堂的理想追求——欢快达成三维目标》	董一红	30.00
	130	《阅读教学的真髓——意象构建读出文学的真美》	祝　禧	30.00
	131	《美术教育的真谛——审美人生教育让生命绚丽成长》	陈铁梅	30.00
	132	《语文教学的理想境界——无痕教学润泽生命》	李　凤	30.00
	133	《儿童作文的本义——嬉乐作文让儿童乐并成长着》	王笑梅	30.00
	134	《名师是怎样炼成的》	王建明　王笑君	35.00
幼师成长系列	135	《幼儿行为背后——教师如何读懂幼儿的心思》	吴亚英	30.00
	136	《最具教育力的22种幼儿教育思想》	杨　达	30.00
	137	《幼儿教师必知的安全应急措施》	杨　达	30.00
	138	《幼儿教师必备的教育技能》	李　玲	30.00
	139	《卓越园长21条幼儿园管理策略》	周　丹　江东秋	30.00